사회복지사 1급

사회복지기초 1교시

2021년 사회복지사 1급 시험대비

사회복지사 1급

사회복지기초
1교시

| 김한덕 · 심상오 편저 |

인간행동과 사회환경

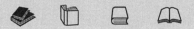

★ ★ ★ ★ ★ ★

사회복지조사론

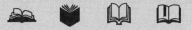

에듀파인더
[edufinder.kr]

2021년도 사회복지사 1급시험 대비

사회복지사1급 사회복지기초 1교시

초판 인쇄   2020년 10월 10일
초판 발행   2020년 10월 15일

편저자   김한덕 · 심상오
발행인   권윤삼
발행처   (주) 연암사

등록번호   제16-1283호
주소   서울특별시 마포구 양화로 156, 1609호
전화   (02)3142-7594
FAX   (02)3142-9784

값은 뒤표지에 있습니다. 잘못된 책은 바꾸어 드립니다.

ISBN 979-11-5558-081-3   14330
ISBN 979-11-5558-080-6   (전3권)

연암사의 책은 독자가 만듭니다.
독자 여러분들의 소중한 의견을 기다립니다.
트위터 @yeonamsa
이메일 yeonamsa@gmail.com

이 도서의 국립중앙도서관 출판시도서목록(CIP)은 서지정보유통지원시스템 홈페이지(http://seoji.nl.go.kr)와
국가자료공동목록시스템(http://www.nl.go.kr/kolisnet)에서 이용하실 수 있습니다.
(CIP제어번호: CIP2020033561)

머리말

　급속한 산업화 · 정보화 · 저출산과 인구의 고령화 등 시대적 변화로 인해 우리나라도 다양하고 복잡한 사회문제들이 발생하고 있다. 특히, 1997년 말 IMF 외환위기 이후 기업의 구조조정 과정에서 발생한 대량실업, 고용불안, 가족해체, 고착화되고 있는 저출산과 세계에서 가장 빠른 속도로 진행되고 있는 인구의 고령화 등에 따른 사회변화는 우리에게 새로운 복지 패러다임을 요구하고 있다.

　최근 주목받고 있는 아동 · 노인 · 장애인 · 여성 · 한부모가족 · 다문화가족의 문제 해결, 독거노인 · 빈곤층 대책과 복지사각지대의 근절과 보다 질 높은 복지서비스를 제공하려는 국가 정책은 책임감 있고 능력 있는 사회복지사를 필요로 한다. 이에 본서는 지난 11년간 사회복지사 1급 기출문제들을 분석하여 단기간에 효과적인 학습을 할 수 있도록 사회복지사 시험 합격 솔루션을 제시하였다. 하지만 합격 여부는 오직 수험생들의 마음자세와 효율적인 시험전략 여하에 달려 있다는 점을 강조하고 싶다.

　선발시험과 달리 자격시험은 단기간의 선택과 집중이 특히 중요하다. 어려운 1~2과목은 과락이 되지 않도록 기출문제 중심으로 정리하고, 자신 있는 2~3개 과목은 고득점(80점)할 수 있도록 집중하면 합격(60점)은 무난히 할 수 있다.

　「나만은 반드시 합격할 수 있다」는 강한 신념으로 얼마 남지 않은 기간 최선을 다하기 바란다.

〈본 교재의 구성과 특징〉
• 수험생들이 전체적인 맥락에서 정리할 수 있도록 간결하게 정리하였으며, 핵심정리하기 및 참고하기 등을 통해 요점을 정리하였다.
• 2020년 8월 현재 제정 및 개정된 법령을 반영하였으며, 최근 출제경향을 파악할 수 있도록

18회(2020) 및 17회(2019) 위주로 단원마다 기출문제를 수록하여 최신의 정보를 적극 반영하였다.
- 합격을 위해 그동안 출제되었던 주요 문장들을 다시 한번 총정리할 수 있도록 단원마다 「기출 등 주요 Key Word」를 실었다.
- 혼자 학습하거나 공부시간이 절대로 부족한 수험생들이 효율적 · 효과적으로 과목별 시험 대비를 할 수 있도록 분량을 최소화하여 각 교시별 핵심요약서 1권(전체 3권)으로 구성하였다.

[사회복지사 1급 자격제도 안내]

◆ 사회복지사
- 사회복지사 1급은 사회복지학 전공자, 일정한 교육과정 이수자, 사회복지사업 경력자로서 국가시험에 합격하여 보건복지부장관의 면허를 받은 자를 말한다.
- 「사회보장급여의 이용 · 제공 및 수급권자 발굴에 관한 법률」제43조는 사회복지사업에 관한 업무를 담당하게 하기 위하여 시 · 도, 시 · 군 · 구 및 읍 · 면 · 동 등에 사회복지사 자격증을 가진 사회복지전담공무원을 두도록 규정하고 있다.
- 사회복지사는 사회복지 프로그램을 개발 · 운영하고 시설거주자의 생활지도를 하며, 청소년 · 노인 · 여성 · 장애인 등 복지대상자에 대한 보호 · 상담 · 후원업무 등을 담당한다.

◆ 사회복지사 자격의 특징
사회복지사의 자격증은 현재 1, 2급으로 나누어지며, 1급의 경우 일정한 학력과 경력을 요구하고 또한 국가시험을 합격하여야 자격증이 발급되며, 2급의 경우 일정 학점의 수업이수와 현장실습 등의 요건만 충족되면 무시험으로 자격증을 취득할 수 있다.

◆ 1급 시험 응시자격
〈대학원 졸업자〉
① 고등교육법에 따른 대학원에서 사회복지학 또는 사회사업학을 전공하고 석사학위 또는 박사학위를 취득한 자.
② 다만, 대학에서 사회복지학 또는 사회사업학을 전공하지 아니하고 동 석사학위를 취득한 자는 보건복지부령이 정하는 사회복지학 전공교과목과 사회복지관련 교과목 중 사회복지

현장실습을 포함한 필수과목 6과목 이상(대학에서 이수한 교과목을 포함하되, 대학원에서 4과목 이상을 이수하여야 한다), 선택과목 2과목 이상을 각각 이수하여야 한다.

〈대학 졸업자〉
① 고등교육법에 따른 대학에서 보건복지부령이 정하는 사회복지학 전공교과목과 사회복지관련 교과목을 이수하고 학사학위를 취득한 자
② 법령에서 고등교육법에 따른 대학을 졸업한 자와 동등 이상의 학력이 있다고 인정하는 자로서 보건복지부령으로 정하는 사회복지학 전공교과목과 사회복지관련 교과목을 이수한 자

〈외국대학(원) 졸업자〉
외국의 대학 또는 대학원(단, 보건복지부장관이 인정한 대학 또는 대학원)에서 사회복지학 또는 사회사업학을 전공하고 학사학위 이상을 취득한 자로서 대학원 졸업자와 대학졸업자의 자격과 동등하다고 보건복지부장관이 인정하는 자

〈전문대학 졸업자〉
① 고등교육법에 의한 전문대학에서 보건복지부령이 정하는 사회복지학 전공교과목과 사회복지관련 교과목을 이수하고 졸업한 자로서 시험일 기준 1년 이상 사회복지사업의 실무경험이 있는 자
② 법령에서 고등교육법에 따른 전문대학을 졸업한 자와 동등 이상의 학력이 있다고 인정하는 자로서 보건복지부령이 정하는 사회복지학 전공교과목과 사회복지관련 교과목을 이수한 자로서 시험일 기준 1년 이상 사회복지사업의 실무경험이 있는 자

〈사회복지사 양성교육과정 수료자〉
① 고등교육법에 따른 대학을 졸업하거나 이와 동등 이상의 학력이 있는 자로서, 보건복지부장관이 지정하는 교육훈련기관에서 12주 이상의 사회복지사업에 관한 교육훈련을 이수한 자로서 시험일 기준 1년 이상 사회복지사업의 실무경험이 있는 자
② 사회복지사 3급 자격증 소지자로서 시험일을 기준으로 3년 이상 사회복지사업의 실무경험이 있는 자

◆ 응시 결격사유

금치산자 또는 한정치산자, 금고 이상의 형을 선고받고 그 집행이 끝나지 아니하였거나 그 집행을 받지 아니하기로 확정되지 아니한 사람, 법원의 판결에 따라 자격이 상실되거나 정지된 사람, 마약·대마 또는 향정신성의약품의 중독자는 응시할 수 없다.

◆ 시험방법

시험과목 수	문제 수	배점	총점	문제형식
3과목(8영역)	200문항	1점/1문제	200점	객관식 5지 선택형

◆ 시험과목

구분	시험과목	시험영역	시험시간
1교시	사회복지기초(50문항)	• 인간행동과 사회 환경(25문항) • 사회복지조사론(25문항)	50분
2교시	사회복지실천(75문항)	• 사회복지실천론(25문항) • 사회복지실천기술론(25문항) • 지역사회복지론(25문항)	75분
3교시	사회복지정책과 제도(75문항)	• 사회복지정책론(25문항) • 사회복지행정론(25문항) • 사회복지법제론(25문항)	75분

◆ 합격 기준

① 매 과목 40점 이상, 전 과목 총점의 60% 이상을 득점한 자를 합격 예정자로 결정하며, 합격 예정자에 대해서는 한국사회복지사협회에서 응시자격 서류심사를 실시하며, 심사결과 부적격자이거나 응시자격서류를 정해진 기한 내에 제출하지 않은 경우에는 합격예정을 취소한다.

② 필기시험에 합격하고 응시자격 서류심사에 통과한 자를 최종합격자로 발표한다.

◆ 사회복지사 자격 활용정보

• 사회복지사 1급 자격증 소지자는 시·도, 시·군·구, 읍·면·동 또는 사회복지전담기구에 사회복지전담공무원으로 일할 수 있다. 또한 지역복지, 아동복지, 노인복지, 장애인복지, 모자복지 등의 민간 사회복지기관에 취업할 수 있다. 이외에도 종합병원, 학교, 법무부 산하 교정시설, 군대, 기업체 등에서 사회복지사로 활동할 수 있으며 자원봉사활동관리 전

문가로 활동할 수도 있다.

• 사회복지사 1급 자격증 소지자는 의료기관, 학교 또는 정신보건 분야에서 일정한 경력을 갖춘 후 수련 등을 통해 의료사회복지사, 학교사회복지사 또는 정신보건사회복지사 자격을 취득하여 해당분야의 전문사회복지사로 활동할 수 있다.

◆ 사회복지사 1급 자격증 관계도

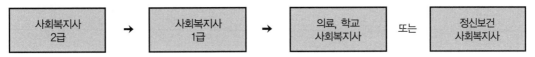

시험시행 관련 문의
• 한국산업인력공단 HRD 고객센터: 1644-8000
• 한국사회복지사협회: 02) 786-0845

차 례

제1편
인간행동과 사회환경

제1장 인간발달과 이론

1. 인간발달과 이론

(1) 인간발달의 개념
- 인간발달의 개념은 전 생애에 걸쳐 점진적으로 발생하는 신체 · 심리 · 사회적 변화로써 크기와 능력이 우월해지는 상승적 변화와 퇴행적 변화도 포함하는 개념
- 발달이란 유전과 환경의 상호작용에 의해 이루어지는 인간의 총체적인 변화에 초점을 둠

(2) 인간발달의 특징과 원리
- 전 생애에 걸친 연속적 · 체계적 · 전인적 변화, 특히 중요하고 의미 있는 변화를 보이는 영역 있음
- 질적 변화+양적변화, 상승적 변화+하강적 변화, 외적 변화+내적 변화, 분화 과정+통합 과정 모두 포함
- 유전(생물학적 요인)과 환경의 영향을 받음(상호작용), 성숙 · 성장 · 노화 · 학습 모든 측면 강조(상호관련성)
- 순서와 방향성(상부→하부, 중심→말초, 전체활동→특수활동, 단순→복잡)
- 개인차 있고, 발달속도에도 차이 있음
- 인간발달은 항상 맥락 속에서 이해해야 함
- 인간발달을 고찰할 때는 생물학적, 심리적, 사회적 체계를 포괄적으로 고려해야 함
- 전 생애를 거쳐 연속적으로 계속 진행함
- 발달의 순서는 일정하지만 발달의 속도는 항상 일정한 것은 아님
- 보편적인 성장의 과정을 거치지만 개인차가 존재함(돌 전에 걷는 아이와 못걷는 아이)
- 신체 및 심리발달은 결정적 시기 혹은 최적의 시기가 있음, 사람마다 다름
- 어릴 때의 발달이 이후 모든 발달의 기초가 되며 어떤 시기의 결손은 계속 누적되어 다음 단계에 영향을 줌(기초성: 세살 버릇 여든까지)

(3) 인간발달의 전제

- 삶의 모든 단계에서 발생(태어나서 죽을 때까지)
- 이전 단계의 발달을 기반으로 현재의 경험이 융합되어 이루어지므로 지속성과 변화
- 신체적ㆍ인지적ㆍ사회적ㆍ정서적 영역들의 상호작용으로 인간발달이 이루어짐-통합적으로 기능하므로 전체로써 이해해야 함
- 인간행동은 개인이 처한 상황과 관계의 맥락으로 이해되고 분석되어야 함
- 발달은 일정한 순서대로 진행 → 체계적이고 예측이 가능(팔이 만들어지고 손가락이 만들어짐)

(4) 인간발달 유사 용어

- <u>성장</u>: 신체 크기 증대, 근력 증가 등 신체나 인지의 양적 확장을 의미, 일정 시기가 되면 정지, 유전적 요인 많이 작용
- <u>성숙</u>: 유전인자가 가진 정보에 따른 변화, 후천적인 경험, 훈련과 관계없음
- <u>학습</u>: 경험ㆍ훈련ㆍ연습 등을 통한 행동 후천적 변화과정
- 발달: 유전과 환경의 상호작용에 의해 이루어지는 인간의 총체적 변화에 초점을 두어야 함

(5) 인간발달이론의 유용성

- 개인적인 발달상의 차이를 파악할 수 있게 해줌
- 적응ㆍ부적응 판단 기준 제공
- 발달에 영향을 미치는 사회적 영향력을 평가할 수 있는 준거틀 제공
- 생활주기를 순서대로 정리할 수 있는 준거틀 제공
- 전 생애에 걸쳐 일어나는 안전성과 변화의 과정을 이해할 수 있게 함
- 각 발달단계별 발달과업 제시
- 발달단계에 따른 클라이언트의 욕구와 문제를 파악할 수 있게 함
- 발달에 영향을 주는 다양한 신체ㆍ심리ㆍ사회적 요인을 설명해 줌
- 이전 발달단계의 결과가 다음 단계에 미치는 영향을 파악할 수 있게 함
- 다양한 연령층의 클라이언트를 이해할 수 있게 기반 제공
- 인간과 환경 간의 상호 작용을 파악할 수 있게 함
- 클라이언트를 사정하는데 특히 유용
- 발달과업 수행을 위해 클라이언트에게 필요한 서비스 파악에 유용

(6) 발달이론이 사회복지실천에 기여하는 점

- 생애주기를 순서대로 정리하는 데 기여
- 개인이 수행해야 할 과제들을 이해하는 데 유용
- 발달단계에서 그 단계의 발달에 기여하는 요소들을 제시
- 전 단계의 발달 결과가 각 발달단계의 성공이나 실패에 미치는 영향 제시
- 발달단계의 신체적, 심리적, 사회적 요소들과의 관계 제시
- 각 발달단계에서 발달과업을 성취할 수 있도록 지원함
- 출생부터 사망 때까지의 변화나 지속과정을 제시

(7) 발달의 방향

- 발달은 상부에서 하부로
- 중심에서 말초로
- 전체에서 부분적, 특수한 활동으로
- 단순한 것에서 복잡한 것으로

(8) 점성원리

- 발달은 미리 정해진 순서에 따름
- 이전발달은 이후 발달에 영향을 미침
- 특정 단계의 발달은 이전 단계의 발달과업 성취에 영향 받음(기어다니기→앉기→서기→ 걷기)

上·**中**·下

01) 인간발달에 관한 설명으로 옳지 않은 것은? (16회 기출)

① 발달의 속도에는 개인차가 있다.

② 발달은 하부에서 상부로, 말초부위에서 중심부위로 진행된다.

③ 발달은 유전과 환경의 상호작용에 의해 이루어진다.

④ 발달에는 결정적 시기가 있다.

⑤ 발달은 양적 변화와 질적 변화를 포함한다.

해설

발달은 상부에서 하부로, 중심부위에서 말초부위로 진행된다.

〈 정답 ② 〉

上·**中**·下

02) 인간발달의 원리에 관한 설명으로 옳지 않은 것은? (18회 기출)

① 환경적 요인보다 유전적 요인을 중요시 한다.

② 결정적 시기가 있다.

③ 일정한 순서가 있다.

④ 개인차이가 존재한다.

⑤ 특정단계의 발달은 이전의 발달과업 성취에 기초한다.

해설

인간 발달은 환경요인과 유전적 요인의 상호작용에 의해 진행된다.

〈 정답 ① 〉

인간발달

다음 문장에서 틀린 것을 모두 고르시오.

◆ **인간발달의 특징**

① 개인의 유전형질도 인간발달에 영향을 미친다.

② 인간발달은 인간의 내적 변화뿐만 아니라 외적 변화도 포함한다.

③ 발달은 연속적인 과정이지만 발달 속도는 일정하지 않다.

④ 인간발달을 이해할 때는 생물학적, 심리적, 사회적 체계를 포괄적으로 고려해야 한다.

⑤ 발달은 양적 변화와 질적 변화를 포함한다.

⑥ 인간행동은 개인의 성격특성에 따라 다르게 표출된다.

⑦ 모든 인간의 발달은 유전과 환경의 상호작용으로 이루어진다.

⑧ 인간은 발달하는 데 최적의 시기가 있다.

⑨ 인간발달은 하부에서 상부로, 말초에서 중심으로, 복잡한 것에서 단순한 것으로 나타난다.

⑩ 발달은 일생에 걸쳐 일어나는 예측 불가능한 변화이다.

⑪ 발달에는 개인차가 존재하므로 일정한 순서와 방향성을 제시하기 어렵다.

⑫ 발달에는 유전적 요인보다 환경적 요인이 중요하다.

⑬ 인간발달은 퇴행적 변화보다는 상승적 변화를 의미한다.

⑭ 인간의 발달은 상승적 변화만 나타난다.

⑮ 발달에 문제가 생기면 최적의 시기를 놓쳐도 이후에 회복이 가능하다.

⑯ 어린시절 행동뿐 아니라 그 이후 행동도 예측이 가능하다.

◆ **인간발달 유사 용어 비교**

① 학습은 훈련 과정을 통하여 행동이 변화하는 과정을 의미한다.

② 발달은 유기체가 생활하는 동안의 모든 변화를 의미한다.

③ 성장은 일정한 시기가 지나면 정지된다.

④ 성숙은 경험이나 훈련과 관계없이 체계적으로 일어난다.

⑤ 발달은 생물학적 과정과 환경적 영향의 상호작용을 통해 이루어지는 인간의 변화이다.

⑥ 성장은 주로 유전인자가 지니고 있는 정보에 따라 나타나는 변화를 의미한다.

⑦ 성숙은 신체의 크기,근육의 세기 등의 양적 증가를 의미한다.

◆ 인간발달이론의 유용성

① 인간발달이론은 전 생애에 걸쳐 일어나는 안정성과 변화의 과정을 이해할 수 있다.

② 인간발달이론은 개인의 적응과 부적응을 판단하기 위한 기준을 제공한다.

③ 인간의 발달이론을 통해 이전 발달단계의 결과가 다음 단계에 미치는 영향을 파악 할 수 있다.

④ 인간발달이론은 발달단계별 욕구에 따른 사회복지제도의 기반을 제공한다.

⑤ 인간발달이론을 통해 다양한 클라이언트의 발달과업을 획일적으로 이해할 수 있다.

⑥ 인간발달이론은 개인이 경험하는 사회문화적 요인들을 정형화하여 이해할 수 있는 시각을 제공한다.

⑦ 인간발달이론을 통해 비슷한 연령대의 사람들은 모두 동일한 특성이 있음을 알 수 있다.

〈 정답 〉
• 인간발달의 특징 - ⑨ ⑩ ⑪ ⑫ ⑬ ⑭ ⑮ ⑯
• 인간발달 유사 용어 비교 - ⑥ ⑦
• 인간발달이론의 유용성 - ⑤ ⑥ ⑦

제2장 프로이트의 정신분석이론

1. 정신역동이론과 정신분석이론

(1) 정신역동이론의 개념
인간행동을 정신 내의 운동과 상호작용에 초점을 맞추어 설명하며 프로이트와 제자인 아들러, 융, 에릭슨, 설리반까지로 봄

(2) 정신분석이론
• 20세기 정치, 사회, 경제, 문화, 예술 등 거의 모든 분야에 영향을 미침(특히 사회복지에 영향)
• 인간의 행동을 이해하기 위해 내면을 연구함, 개인의 무의식적 본능과 생애 초기경험에 따라 성격과 행동이 달라짐

(3) 지형적인 모형(마음의 세가지 수준)
• 의식: 우리가 자신에게 주의를 기울이는 바로 그 순간에 알아차릴 수 있는 경험과 감각들을 뜻함. 정신세계에서 작은 한부분으로 관심대상에서 벗어나면 더이상 의식되지 않음
• 전의식: 의식과 무의식의 중간 지점에 있으며, 이들 사이에서 교량 역할을 함. 집중하면 의식화됨
• 무의식: 가장 깊고 넓음, 본능의 저장고, 인간행동을 결정, 정신의 가장 깊은 곳에 위치해 있으며, 우리가 자각하지 못하는 경험과 기억으로 구성되며, 정신분석의 초점, 폐쇄체계 (정신에너지 양 일정)

(4) 구조적 모형(성격구조: 원초아(Id), 자아(ego), 초자아(superego)
○ **원초아**
출생시부터 존재, 완전히 무의식적, 성격의 가장 원초적 부분, 본능을 지배, 쾌락원칙, 반사행동과 1차 과정사고, 유아기에 강함, 의식화될 수 없지만 일생에 걸쳐 일어남

○ 자아

구강기(생후 6개월)에 원초아에서 발달 분화, 행동과 생각을 통제하는 성격의 조정자, 집행자, 원초아의 욕망을 현실적으로 충족시켜주는 기능수행, 항문기 배변훈련 과정에서 크게 발달, <u>현실원칙, 2차 과정 사고</u>

○ 초자아

양심과 자아이상, 옳고 그름을 판단하는 기능, 남근기 오이디푸스, 엘렉트라 콤플렉스 극복 과정에서 자아에서 분화되어 발달
- 자아 이상: 칭찬에 의해 형성, 긍정적인 부분이나 보상 통해 발달
- 양심: 처벌에 의해 형성, 죄책감을 느끼게 하는 것

(5) 발단단계

- 구분 기준: 리비도가 성적 욕망을 충족하고자 하는 신체부위
- 각 단계에서 욕망 충족에 문제가 생기면 → 고착
- 본능: 삶의 본능(에로스) + 죽음의 본능(타나토스)

구강기	~18개월	구강동조(구강수동, 빠는 쾌감)→구강공격(깨무는 쾌감) 양육자와의 관계 중요
항문기	~만 3세	고착시 항문공격(무모, 무질서, 반항, 지저분)→항문보유(고집, 복종, 인색 청결)
남근기	~만 5세	초자아 발달, 오이디푸스 콤플렉스(남아, 거세불안), 엘렉트라 콤플렉스 (여아, 남근선망), 동성 부모 동일시
잠복기	~(12세)사춘기 전	동성 친구 동일시, 승화
생식기	사춘기~성인 전	2차 성징, 이성에 관심, 고착시-쾌락추구, 공격성, 범죄행동

2. 인간관

(1) 비합리적

존재 - 통제할 수 없는 무의식적 본능의 지배를 받는 존재, 생물학적 결정론(무의식적 본능과 공격적 본능에 의해 결정)

(2) 수동적 존재

인간의 자유의지, 책임감, 자발성, 자기결정과 선택, 능력을 인정하지 않음

(3) 불변적 존재
개인의 기본적 성격 구조는 영유아기에 경험에 의해 결정, 성인이 되어서도 불변, 현재보다 과거 중시

(4) 투쟁적 존재
쾌락 원칙이 현대 문명사회 사이에서 많은 갈등 초래, 인간은 사회와 지속적으로 대항하는 투쟁적 존재로 봄

3. 기본가정

(1) 정신결정론
인간이 오늘 생각하고 말하는 것이 모두 과거의 경험했던 것의 영향 때문으로 이루어진다는 것, 모든 행동의 근원적 원인은 무의식임
- 영·유아기(5세 이하) 경험이 이후의 정신구조와 삶을 결정

(2) 무의식적 동기
- 마음의 정상적인 기능과 병적인 기능 모두에서 무의식적 과정이 의식적 과정보다 더 중요하다는 것
- 프로이트 이론을 갈등 심리학, 심층 심미학이라고 함
- 모든 정신 활동은 의식과 무의식, 원초아와 초자아 사이에서 일어나는 갈등의 결과로 간주

4. 주요개념

(1) 삶의 본능(eros)
- 성적에너지, 리비도가 점차 삶의 본능 전체를 의미하는 개념으로 확대
- 성, 배고픔, 갈증과 같이 생존과 번식에 목적을 둔 신체적 욕구의 포상

• 타인과 사랑을 나누며, 창조적 발전을 도모하는 본능

(2) 죽음의 본능(thanatos)
• 모든 행동은 본능의 지배로 정신에너지를 발산하는데 그 목적이 있음
• 불변의 무기질 상태로 회귀하려는 충동으로 공격, 파괴욕
• 파괴 및 공격적 행동의 근원
• 삶의 본능과 죽음의 본능의 상호 영향, 융합

5. 안나 프로이트의 자아의 방어기제
불안에 대처하고자 자아가 무의식적으로 사용하는 심리적 책략, 정상적인 사람도 사용
• 불안이란 자아가 위험에 가까이 있다는 것을 느끼는 것으로 현실불안, 신경증적 불안, 도덕적 불안이 있음

(1) 방어기제의 특성
• 무의식적으로 채택, 한 번에 한 가지 이상의 방어기제가 동원
• 수준이 정교할수록 상위에 위치함
• 적절한 방어기제 사용은 불안을 감소시키고 긍정적 적응 유도

(2) 유형
• 억압: 의식에서 용납하기 어려운 생각이나 욕망, 충동 등을 무의식 속에 머물도록 눌러 놓는 것
• 합리화: 자신의 언행 속에 숨어 있는 용납하기 힘든 충동이나 욕구에 대해 사회적으로 그럴듯한 이유를 대는 것(경쟁자 친구를 이기고자 그의 잘못을 고해바치고 그것이 자기의 의무라고 주장함)
  – 신포도형: 생각처럼 일이 풀리지 않을 때 처음부터 원하던 것이 아니라고 변명을 하는 것
  – 달콤한 레몬형: 남들 보기에는 좋지 않은 일이라도 자신은 진정 원하는 일이라고 믿는 것
  – 투사형: 자신의 실수를 다른 사람의 탓으로 미루는 것
  – 망상형: 생각처럼 일이 풀리지 않을 때 자신의 목표를 높게 잡아 실패의 원인을 합리화시키는 것

- 지성화: 고통스러운 감정, 불안을 없애려고 상상하여 필요이상의 감정을 줄임
- 전치: 기본적 성격, 공격적 욕구를 직접적으로 충족시킬 수 없을 때 현실적으로 용납될 수 있는 대상이나 방법으로 바꾸어 욕구 충족, 불안 회피(도덕적 타락에 죄책감 느끼는 사람이 손을 자주 씻는 경우)
- 대리형성(대치): 받아들여질 수 없는 소망, 충동, 감정 또는 목표를 좀 더 받아들여질 수 있는 것으로 전치하는 기제(오빠를 좋아하는 여동생이 오빠와 비슷한 사람과 사귀는 것)
- 격리(분리): 과거의 고통스러운 기억과 감정을 분리시키는 것(아버지 죽음에 슬퍼하지 못한 청년이 권위적 주인공의 죽는 영화를 보며 비통하게 우는 것)
- 반동형성: 받아들여질 수 없는 생각, 욕구 충동 등을 정반대의 것으로 대치시켜 표현(미운 놈에게 떡 하나 더 준다)
- 취소(원상복구): 용납할 수 없거나 죄책감을 일으키는 행동, 사고, 감정을 상징적 방법으로 취소(굿과 같은 의식)
- 투사: 자신이 용납할 수 없는 충동, 생각, 행동 등을 무의식적으로 다른 사람이 이러한 충동, 생각, 행동을 느끼거나 행한다고 믿는 것(잘못되면 조상 탓으로 돌림)
- 투입: 외부의 대상을 자기 내면의 자아체계로 받아들이는 것
- 자기로의 전향: 외부 대상을 향한 충동을 자기 자신에게 표출(부부싸움 후 벽에 머리 박기)
- 내면화: 애증과 같은 강한 감정을 직접 표현하는 것을 피하기 위해 외부대상을 자기 내면의 자아체계로 받아들이는 것(어머니를 미워할 수 없는 사람이 자신을 미워하는 경우)
- 부정: 의식수준으로 표출되면 도저히 감당할 수 없는 생각이나 욕구를 무의식적으로 부정하는 현상(어머니 죽음을 며칠 동안 여행 갔다고 믿는 것)
- 고착: 발달단계의 한 시기에 고정되어 그 이후의 발달이 중지되고 성숙된 독립의 형성 안 됨
- 퇴행: 심한 스트레스 또는 좌절을 당했을 때, 현재의 발달단계보다 더 이전의 발달단계로 후퇴하는 것(동생이 태어나 부모사랑을 받지 못하자 말을 하지 못하거나 대소변을 가리지 못하는 유아)
- 승화: 가장 바람직한 높은 방어기제, 사회적으로 용납되는 다른 형태로 표출(공부 못하는 아이가 운동으로 성공하는 경우)
- 보상: 경험과 열등감을 우월감으로 채우려 함(부모에 효도하지 못한 사람이 독거노인을 부양)

- 동일시: 부모, 형, 윗사람, 주위의 중요한 인물들의 태도와 행동을 닮는 것(무서워하는 아버지를 닮아가는 아들)
- 전환: 심리적 갈등, 부담이 수의근계통(손, 발 등)이나 감각기관(미각, 청각, 시각, 후각, 촉각) 등의 증상으로 나타남(군대 가기 싫은 청년이 입영장을 받고 시각장애 오는 경우)
- 신체화: 심리적인 갈등이나 불안이 불수의근계통의 신체 증상으로 표출 됨(두통, 복통, 소화불량 등)
- 상징화: 잃어버린 대상을 다른 대상으로 대치하는 것으로 대리형성의 특수한 형태, 죄책감으로부터 벗어나려는 기제(아이를 갖고 싶은 욕망을 가진 여인이 꿈에 달걀을 보는 경우)
- 전이: 과거 타인과 해결되지 않고 남아 있는 부분을 치료자에게 투시하는 기제
- 해리: 마음을 편치 않게 하는 성격의 일부가 그 사람의 의식적 지배를 벗어나 독립된 성격인 것처럼 행동하는 것(이중인격, 몽유병, 건망증)

(3) 프로이트 이론 평가
성적 욕망에 대한 지나친 강조, 여성 발달에 부정적, 인간의 자유의지 무시, 진단주의 학파에 영향, 직선적 · 기계론적 · 결정론적 인간과 생애 초기 경험의 중요성 강조, 의료모델 적용, 환경 영향 무시

6. 사회복지실천의 적용

(1) 심리적 건강과 증상
건강한 개인은 성격의 하위체계가 조화, 외부세계와 적절한 교류, 자기 방어기제를 적절히 사용, 자아만족을 지연하고 성적 및 공격적 충동을 통제

(2) 치료목표와 과정
- 정신분석치료의 목적: 개인의 내적 성격체계를 재구조화하여 융통성 있고 성숙하게 만듦
- 정신분석 목표: 부적응 행동변화, 증상제거, 정신장애로 인한 발달과정 재구성
- 사회복지사 주기능: CT가 자신의 문제에 통찰을 갖고 문제를 변화시키는 방법을 인식, 자

신의 삶을 보다 합리적으로 통제할 수 있도록 돕는 기능
- 정신분석치료의 핵심: 원조관계

(3) 치료적 기법

○ **자유연상**(free association)
- CT에게 일상생활의 상념과 선입견을 제거하고 어떤 감정이나 생각도 억압하지 않은 채 마음에 떠오르는 것이면 무엇이든 즉시 말하도록 하고, 이를 통해 CT의 무의식 속에 숨겨진 억압된 생각이나 감정을 확인하는 방법. 떠오르는 대로 말하도록 도와주는 기술
- 무의식적 갈등에 접근할 수 있으며, 과거의 고통스러운 기억들을 의식화할 수 있는 방법

○ **해석**(interpretation)
- CT의 꿈, 자유연상, 저항 전이 등을 분석하고 행동의 의미를 설명하거나 가르침
- 단순 설명이 아닌 자아가 더 깊은 무의식을 탐색할 수 있도록 도와주는 기능. 내용해석, 저항해석(방어해석), 전이해석, 꿈의 해석 등
- 해석을 하기 전 저항과 방어가 어떻게 나타나고 있는지 알려줄 필요가 있음

○ **꿈의 분석**(dream analysis)
꿈을 통하여 CT의 무의식적 욕구, 해결되지 않은 문제에 대한 통찰을 얻을 수 있도록 해주는 기법

○ **저항**(resistance)
- 치료적 발전을 저해하고 CT가 무의식적 욕구를 표출하는 것을 방해하는 것
- 치료자는 효과적인 치료를 위하여 저항을 지적하고 해석함으로써 CT가 통찰을 더 깊이 할 수 있도록 도와야 함

○ **전이**(transference)**분석**
CT가 어린시절에 억눌렸던 경험, 기억들이 과거의 중요한 타인과의 관계에서 해결되지 않고 남아 있는 부분을 사회복지사가 마치 과거의 주요 인물인 듯 사회복지사에게 투사하는 전이를 분석하고 해석하는 방법

○ **역전이**(countertransference)

사회복지사가 어린시절 억눌려있던 경험이나 기억들이 CT에게 보이는 반응

○ **훈습**(working through)

CT가 이전에 억압하고 회피했던 무의식적 자료를 정확히 이해하고 통합하여 일상생활에 적용할 수 있을 때까지 치료자가 반복적인 해석과 지지를 제공해 주는 연습과정

○ **정신결정론**

인간의 행동은 우연히 일어나는 것이 아니라 과거와 연결되고 반드시 원인이 있어 발생한다는 것

上·中·下

01) 방어기제와 그 예의 연결이 옳은 것은? (10회 기출)
① 부정 – 부모에게 꾸중을 듣고 적대감으로 개를 발로 차는 아이
② 퇴행 – 불치병에 걸렸음을 알고도 미래의 계획을 화려하게 세우는 환자
③ 승화 – 효도를 다하지 못한 죄책감으로 독거노인을 극진히 부양하는 자식
④ 억압 – 입원 중 간호사에게 아기같은 행동을 하며 불안을 감소시키는 노인
⑤ 반동형성 – 남편이 바람피워 데려온 아이를 싫어함에도 오히려 과잉보호로 키우는 부인

해설

좋아하거나 싫어하는 마음을 반대(여기서는 과잉보호)로 표출하는 것은 반동형성이다.

〈 정답 ⑤ 〉

上·中·下

02) 프로이트 (S. Freud)의 정신분석이론에 관한 설명으로 옳지 않은 것은? (16회 기출)
① 어린 시절에 겪었던 과거 경험의 중요성을 강조한다.
② 엄격한 배변훈련으로 항문보유적 성격이 형성될 수 있다.
③ 초자아는 성격의 실행자이자 마음의 이성적인 부분이다.
④ 생식기에는 이성에 대한 관심과 호기심이 높아진다.
⑤ 남자아이는 남근기에 오이디푸스 콤플렉스(Oedipus complex)로 인한 거세불안을 경험한다.

해설

성격의 실행자이자 마음의 이성적인 부분은 초자아(superego)가 아니라 자아(ego)이다.
자아는 성격을 지배하고 통제하고 조절하는 실행자이고 열정을 내포하고 있는 원초아와 달리 이성이라 불리는 것을 내포하고 있다.

〈 정답 ③ 〉

프로이트의 정신분석이론
다음 문장에서 틀린 것을 모두 고르시오.

◆ **프로이트의 정신분석이론**

① 자아(ego)는 의식, 전의식, 무의식에 세 측면을 모두 가지고 있다.

② 도덕적 불안은 원초아와 초자아 간의 갈등에서 느끼는 양심에 대한 두려움이다.

③ 프로이트의 이론은 방어기제의 중요성을 인식하는 데 유용하다.

④ 어린 시절에 겪었던 과거 경험의 중요성을 강조한다.

⑤ 생식기에는 이성에 대한 관심과 호기심이 높아진다.

⑥ 자아는 성격의 실행자이자 마음의 이성적인 부분이다.

⑦ 엄격한 배변훈련으로 항문보유적 성격이 형성될 수 있다.

⑧ 처벌을 통해 죄책감을 느끼게 하는 것은 양심이다.

⑨ 프로이트의 이론은 인간 자유의지의 중요성을 인식하는 데 유용하다.

⑩ 프로이트는 리비도를 인생 전반에 걸쳐 작동하는 일반적인 생활에너지로 보았다.

⑪ 남자아이는 잠복기에 오이디푸스 콤플렉스로 인한 거세불안을 경험한다.

⑫ 거세불안과 남근선망은 주로 생식기에 나타난다.

⑬ 기억, 경험, 생각들로 정신 내용의 대부분을 차지하고 있는 것은 의식이다.

⑭ 현실보다는 이상, 쾌락보다는 완벽을 추구하는 것은 원초아다.

◆ **자아의 방어기제**

① 운동을 잘 못하는 사람이 공부에 열중하는 행동은 보상 방어기제이다.

② 억압(repression)은 갈등해결에 사용되는 대표적인 방어기제이다.

③ 두 가지 이상의 방어기제를 동시에 사용하는 경우도 있다.

④ 부모가 가장 싫은 점을 자신이 닮아가며 그대로 따라하는 행동은 동일시 방어기제이다.

⑤ 방어기제는 정신 내적 갈등의 원천을 왜곡, 대체, 차단하기 위해 활용한다.

⑥ 방어기제를 자주 사용하는 것은 자아가 약하다는 의미다.

⑦ 방어기제는 나이에 맞게 사용해야 한다.

⑧ 불치병에 걸렸음을 알고도 미래의 계획을 화려하게 세우는 것은 퇴행 방어기제이다.

⑨ 방어기제는 초자아가 사용하는 심리적 기제이다.

⑩ 초자아가 위험에 가까이 있다는 것을 느껴 사용하는 것이 방어기제이다.

〈 정답 〉
• 프로이트의 정신분석이론 – ⑨⑩⑪⑫⑬⑭
• 자아의 방어기제 – ⑧⑨⑩

제3장 심리사회·분석심리·개인심리이론

1. 에릭슨의 심리사회이론

(1) 인간관
- 합리적, 창조적인 존재, 전체적 존재, 환경 속의 존재(person in environment)
- 가변적 존재
- 인간은 일생동안에 여러 단계의 심리사회적 위기를 경험하게 되는데 그 결과로 성격이 형성되고 발달한다고 봄. 자아를 강조

(2) 기본가정
- 기본적으로 Freud의 성격에 관한 가정을 받아들이나, 세 가지 사회적 충동에 의해 시작된다고 봄
- 사회적 관심에 대한 욕구
- 환경을 지배하고자 하는 유능성에 대한 욕구
- 사회적 사건의 구조와 질서에 대한 욕구
  - 개인을 이해하기 위해 환경적 요인의 영향 이해(자연환경, 역사적 환경 등)
  - 점성설: 각 발달 단계는 이전 단계의 경험에 따라 달라짐 개인이 기본도안을 갖고 태어남, 점성원리에 의해 발달
  - 자아정체감: 자아정체감 형성은 생에 대한 철학과 통합된 가치 체계의 형성을 포함하는 발달적 과업, 일생동안 지속하는 과정
  - 심리사회적 정체감: 사회와 역사와 밀접하게 관련되어 위계적으로 재구조화

(3) 특징
자아(ego)강조, 인간행동은 의식 수준에서 통제 가능한 자아에 의해 동기화, 자아 발달에 영향을 미치는 사회문화적 요소 강조, 정상적인 것에 초점, 심리사회적 위기를 기준으로 전 생애를 8단계로 제시, 점성 원칙, 환경 속의 인간이라는 관점 형성에 크게 기여

○ 심리사회적 발달단계

단계주기	심리사회적 위기(적응 대 부적응)	자아특질	주요병리	대응하는 프로이트의 단계
1단계(영아, ~18개월)	기본적 신뢰감 대 불신감	희망	위축	구강(구순)기
2단계(유아, ~3세)	자율성 대 수치심과 의심	의지	강박행동	항문기
3단계(학령전, ~6세)	주도성(솔선성) 대 죄의식(죄책감)	목적	억제	남근기
4단계(아동기, ~12세)	근면성 대 열등감	능력	무력함	잠복(잠재)기
5단계(청소년기, ~22세)	자아정체감 대 자아정체감 혼란(역할 혼란)	성실	거부(거절)	생식기
6단계(성인기, ~35세)	친밀감 대 고립	사랑	배척	
7단계(중장년기, ~65세)	생산성 대 침체	배려	거부(거절)	
8단계(노년기, 65세 이후)	자아완성(자아통합) 대 절망	지혜	경멸	

(4) 심리사회이론의 주요 개념

○ 자아정체감

본인이 자신을 아는 것으로 타인이 자신을 보는 것과 자신이 자신을 아는 것이 일치 되어야 함. 개인의 자아가 그의 인격체를 통합하는 방식에 있어서 동질성과 연속성이 유지되고 있다는 사실을 인식하는 동시에 자기 존재의 동일성과 독특성을 지속하고 고양시켜 나가는 자아의 자질을 의미함

○ 점성원리

발달은 기존의 기초 위에서 이루어지며, 특정 단계의 발달은 이전 단계에서 성취한 발달과업의 영향을 받음. 성장하는 모든 것은 기본계획안으로부터 각 부분이 발생하며 각 부분에서 전체를 이룰 때까지 우세해지는 특정한 시기가 있음

○ 위기: 각 단계의 심리사회적 위기를 성공적으로 극복하면 자아특질이 강화되고, 개인의 성격이 발달. 인간은 스트레스 상황에서 적응하려고 노력하며 위기를 극복하고 그런 과정을 통해 성격이 발달함

(5) 사회복지실천의 적용

○ 심리적 건강과 증상에 대한 관점

충동이나 본능을 강조한 것과 달리, 환경에 대한 자아의 대처 및 지배 능력과 관련된 행동을

중시, 인간을 전체적 존재로 봄

○ **치료목표**

통찰을 통해 자아인식을 갖게 하고, 환경과 활발하고 긍정적으로 상호작용하고 자신의 인생에 대한 선택권을 자유롭게 행사하고 삶을 창조적으로 영위할 수 있도록 원조하는 데 목표

○ **치료기법**

경청, 부적절한 추론 억제, 전이나 꿈의 해석

○ **사회복지사의 역할**

분석을 통해 통찰 확대, 감정을 명확화하여 표현토록 원조

2. 융의 분석심리이론

(1) 인간관과 가정
○ <u>인간관</u>
• 전체적 존재, 역사적이고 미래지향적인 존재, 성장지향적 존재, 가변적 존재, 사회적 존재
• 인간은 살아가는 과정속에서 변할 수 있는 후천적 존재

○ <u>기본 가정</u>
• 정신 또는 성격은 부분들의 집합이 아니라 하나의 전체임
• 행동은 무의식과 의식의 두 힘에 의해 동기화됨
• 행동은 과거에 영향받지만 미래와 가능성에 의해 조정됨
• 개인은 독립된 존재가 아니라 역사적으로 연결되어 있음

(2) 분석심리이론의 주요개념
○ **의식, 자아와 페르소나**
• <u>의식</u>(consciousness): 개인이 직접 인식할 수 있는 정신의 부분. 정신의 작은 부분
• <u>자아</u>(ego): 개인의 의식이 분화되어 가는 과정에서 생성, 의식의 중심부에서 의식을 지배

- 페르소나(persona): 자아가 외부 세계에 적응하기 위하여 사용하는 행동 양식, <u>자아의 가면</u>

○ **무의식, 개인무의식, 콤플렉스와 그림자**
- <u>무의식(unconsciousness)</u>: 개인이 의식하고 있는 것 너머의 미지의 정신세계
- <u>개인무의식(personal unconsciousness)</u>
  - 콤플렉스(complex)를 중심으로 모여 있음
  - 프로이트의 전의식과 유사, 과거경험을 의식할 수 없으나 노력하면 의식할 수 있음
- <u>콤플렉스(complex)</u>: 무의식 속의 관념 덩어리로 핵심요소를 중심으로 유사한 정신적 요소가 무리 지어진 것
- <u>그림자(shadow)</u>: 자아 이면에 자신도 모르는 자신의 분신, 의식과 상충되는 무의식적 측면, 인간이 가지고 있는 어둡고 사악한 측면 의미

○ **집단무의식과 원형**
- <u>집단무의식(collective unconsciousness)</u>: 역사와 문화를 통해 공유해 온 모든 정신적 자료의 저장소이자 생명의 원천, 신화나 민속, 예술을 통해 확인 가능
- <u>원형(archetypes)</u>: 모든 인간에게 보편적으로 존재하는 인류의 가장 원초적인 행동 유형, 대표적인 원형은 페르소나, 아니마, 아니무스 음영임
- <u>원형의 융합</u>: 집단무의식 속에 각기 별개의 구조로 이루어진 융합이 서로 융합되기도 함 (영웅의 원형+악마의 원형=무자비한 지도자)

○ **원형과 본능**
- 원형과 본능은 뿌리가 같은 현상으로 구별이 어려움
  - 본능: 인간의 복잡한 행동을 불러일으키는 충동
  - 원형: 복잡한 행동에 대한 선험적 이해

○ **아니마와 아니무스**
- 남성성의 속성 – 이성(logos), 여성성의 속성 – 사랑(eros)
- 아니마 – 남성의 여성적 측면
- 아니무스 – 여성의 남성적인 측면

○ 자기와 자기실현
- 자기(self): 집단 무의식 내에 존재하는 타고난 핵심 원형으로 의식과 무의식의 주인
- 자기실현: 성격의 궁극적인 목표로서 극소수가 달성 가능함

○ 정신 에너지
- 리비도(libido): 성적에너지에 국한되지 않고, 인생 전반에 걸쳐 작동하는 생활에너지를 의미
- 정신에너지의 원리: 대립원리, 등가원리, 균형원리

○ 성격 유형
- 자아의 태도에 따라: 외향성과 내향성
- 정신기능에 따라: 합리적 기능(사고형과 감정형) 비합리적인 기능(직관형과 감각형)

○ 분석심리이론의 발달단계
- 아동기(출생~사춘기 이전)
  - 초년의 생존을 위한 활동에 리비도의 영향을 중요시함, 이성보다 본성에 지배됨
  - 5세 이전에 성적 리비도가 나타나기 시작하여 청년기에 최고에 이름
- 청년 및 성인초기(사춘기~중년기 이전)
  - 융은 이 시기를 생의 전반기로 봄
  - 외적 신체적으로 팽창하는 시기이며, 성숙함에 따라 자아가 발달하고 외부세계에 대처하는 능력을 발휘함
  - 이 시기의 과업을 외적 환경의 요구에 확고하고 완고하게 대처하는 것
- 중년기(40세 전후)
  - 융은 중년기에 개성화 현상이 일어난다고 봄
  - 개성화(individuation)는 중년기에 자아를 외적 물질적 차원으로부터 내적 정신적 차원으로 전환시키는 것을 의미함
  - 개성화 기간 중 페르소나, 그림자, 아니마와 아니무스의 변화가 생김
- 노년기(65세 이후)
  - 나이가 들수록 명상과 회고가 많아지고 내면적 이미지가 큰 비중을 차지하게 됨
  - 노년기는 죽음 앞에서 생의 본질을 이해하려는 시기로서 내세에 대한 이미지가 없다면

건전한 방식으로 죽음을 맞이하기 어려움

○ **치료기법**
- 단어연상기법
- 전이분석
- 꿈분석

3. 아들러의 개인심리이론

(1) 인간관과 가정
- 인간관: 창조적이고 목표지향적 존재, 합리적 존재, 전체적 존재, 주관적 존재, 불가지성 (不可知性) 사회적 존재
- 기본가정: 전체적 존재, 성향지향적 동기를 가진 목적론적 존재, 공동체의식이나 사회적 관심(social interest)을 가지고 있음, 행동의 주관성

(2) 주요 개념
○ **열등감과 보상**
- 열등감(부적절감, inadequacy) – 유아기 때부터 시작됨. 인간이 성숙하고 자신의 잠재력 을 실현하기 위해 필요한 것
- <u>보상</u> – 잠재력을 발휘하도록 인간을 자극하는 건전한 반응

○ **우월에 대한 추구**
- 인간생활의 기초, 인간은 위대한 향상의 동기(great upward motive)
- −에서 +로, 아래에서 위로, 미완성에서 완성으로 나아가는 동기 공유
- 열등감을 극복하려는 노력

○ **생활양식**(life style)
개인이 살아가면서 자신만이 가지고 있는 인생목표, 자아개념, 성격, 문제에 대처하는 방법, 삶에 공헌하려는 소망, 특질(trait), 행동, 습관, 타인에 대한 감정, 세상에 대한 태도 등 한 개

인의 독특한 특징을 포괄하는 개념 → 생활양식

○ **인생과업**
모든 사람이 해결해야 할 세 가지 인생과업-직업, 우정, 사랑과 결혼의 문제

○ **생활양식의 유형론**
• 직업, 우정 사랑과 결혼이라는 주요 인생과업에 대한 태도와 행동에 따라 분류
• 활동수준: 인생과업과 문제를 해결하려는 개인의 움직임, 분투 또는 에너지를 쏟아 붓는 수준을 의미
• 사회적 관심(social interest): 인간 개개인에 대한 감정이입, 개인의 이익보다는 사회발전을 위해 다른 사람과 협력하는 것 의미

○ **Adler의 생활양식 유형 구분**
지배형, 획득형, 회피형, 사회적으로 유용한 생활 유형
• 지배형: 활동 수준이 높고 사화적 관심은 낮은 유형으로 사회적 인식이나 관심이 거의 없음
• 획득형: 활동 수준은 중간, 사회적 관심은 낮은 유형으로 다른 사람에게 의존하여 욕구를 충족함
• 회피형: 활동 수준은 낮고, 사회적 관심도 낮은 유형으로 실패를 두려워하여 인생과업으로부터 도피함
• 사회적 유용형: 활동 수준은 높고 사회적 관심도 높은 유형으로 자신과 타인의 욕구를 충족시키고 과업을 달성하기 위해 타인과 협력함

○ **사회적 관심**(social interest)
개인의 우월 추구나 생활양식의 개념과 대립되는 것이 아니며, 인간이 사회적 동물이라는 Adler의 신념이 반영된 것, 선천적으로 타고나지만 어머니의 학교교육 아동기의 경험을 통해서 후천적으로 발달할 수 있음

○ **창조력**(Creative power)
개인심리학을 대표하는 개념으로 생의 의미를 제공하는 원리, 사회적관심 발달에 기여, 스스

로 자신의 삶을 만들수 있는 능력과 자유가 있는 존재

○ **가족형상**(family constellation)
가족성원 간의 정서적 유대, 가족의 크기, 가족의 성적 구성, 출생순위, 가족역할 모델 등의
가족 분위기

○ **생활양식을 왜곡하기 쉬운 상황**
신체적으로 병약하거나 허약한 아동, 응석받이, 거부당하는 아이

(3) 가족구도 및 출생순위와 성격의 특징
• 첫째아이
  - 처음 태어나서 독자인 시기는 부모의 끊임없는 관심과 사랑을 받으면서 자람
  - '폐위된 왕', 둘째가 태어난 후 퇴행적 모습
• 둘째 아이
  - 태어날 때부터 형이나 누나라는 속도 조정자를 가짐
  - 경쟁, 야망
• 중간아이
  - 위아래로 형과 누나, 동생을 두고 있으므로 압박감 느낌
  - 무력감, 의존성
• 막내 아이
  - 막내 아이의 독특한 특성 나타냄
  - 응석받이 될 가능성, 독립심 부족
• 외동 아이
  - 경쟁할 형제가 없는 독특한 위치, 대인관계 어려움
  - 응석받이 될 가능성, 노력보다 받는 것에 익숙

(4) 가상적 최종목표(fictional finalism)
• 목적론적 관점에서 인간 이해, 인간의 모든 행동은 어떤 목표를 지향
• 개인의 우월성의 추구 성향, 생활양식, 사회적 관심 등은 가상적 최종목표에 의해 결정되
  며, 다른 행동의 의미도 알 수 있게 됨

• 정직이 최선, 모든 인간은 평등함

(5) 사회복지실천에의 적용

○ **심리적 건강과 증상에 대한 관점**

• 열등감을 보상하고 우월을 추구하는 과정에서 만나게 되는 환경적 장애물에 어떻게 반응 하느냐에 따라 적응의 정도 결정, 집단 사회사업과 각종 상담에 영향 끼침

○ **치료 목표**

• CT의 생활양식 이해, 부적응적인 목표와 신념을 파악하여 사회적 관심을 증진하고, 좀 더 적응적인 목표와 생활양식으로 변화시키는 것

• 즉시성, 격려, 역설적 개입, 역할극, 수프(soup) 엎지르기 기법, 단추 누르기 기법, 직면, 과제부여 기법, 이외에 조언, 유머, 침묵 등 내담자의 특성에 따라 절충적으로 활용

上·中·下

01) 에릭슨(E. Erikson)의 이론에 관한 설명으로 옳은 것을 모두 고른 것은?　　**(16회 기출)**

> ㄱ. 각 단계의 발달은 이전 단계의 발달을 토대로 이루어진다.
>
> ㄴ. 사회문화적 환경이 성격 발달에 영향을 미친다.
>
> ㄷ. 청소년기의 주요 발달과업은 자아정체감 형성이다.
>
> ㄹ. 인간의 발달은 전 생애에 걸쳐 일어난다.

① ㄱ, ㄴ　　　② ㄱ, ㄷ　　　③ ㄷ, ㄹ　　　④ ㄱ, ㄴ, ㄹ　　　⑤ ㄱ, ㄴ, ㄷ, ㄹ

해설

에릭슨은 발달이 전 생애에 걸쳐 일어나며(ㄹ), 점성원리를 따른다고 보았다. 이는 발달에는 미리 정해진 발달의 기본 단계들이 있으며 각 단계의 발달은 이전 단계의 발달을 토대로 이루어진다는 것이다(ㄱ). 에릭슨은 각 단계의 발달 모두 강조했지만, 특히 청소년기 자아정체성 형성(확립)을 강조했다(ㄷ). 에릭슨의 이론을 심리사회이론이라고도 부르는데 이는 발달이 심리적(정신 내적)인 요인뿐만 아니라 사회문화적인 환경에도 영향을 받는다고 보기 때문이다(ㄴ).

〈 정답 ⑤ 〉

上·中·下

02) 에릭슨(E. Erikson)의 이론에 관한 설명으로 옳지 않은 것은?　　**(18회 기출)**

① 사회적 관심, 창조적 자아, 가족형상 등을 강조한다.

② 청소년기의 자아정체감 발달을 강조한다.

③ 각 단계의 발달은 이전 단계의 심리사회적 갈등해결과 통합을 토대로 이루어진다.

④ 성격 발달에 있어서 환경과의 상호작용이 중요하다고 본다.

⑤ 발달은 점성의 원리에 기초한다.

해설

①은 아들러의 개인심리이론의 인간관과 주요개념이다.

〈 정답 ① 〉

03) 융(C. Jung)의 이론에 관한 설명으로 옳은 것은?   (18회 기출)

① 남성의 여성적인 면은 아니무스(animus), 여성의 남성적인 면은 아니마(anima)이다.

② 원초아(id), 자아(ego), 초자아(super-ego)의 중요성을 강조한다.

③ 음영(shadow)은 자기나 자아상과 같은 개념으로 인간의 어둡고 동물적인 측면이다.

④ 페르소나(persona)는 개인이 외부 세계에 보여주는 이미지이며, 사회적 요구에 대한 반응이다.

⑤ 집단무의식(colleCTive unconscious)은 다양한 콤플렉스에 기초한다.

해설

① 남성의 여성적인 면은 아니마(anima),여성의 남성적인 면은 아니무스(animus)이다.

② 원초아(id), 자아(ego), 초자아(super-ego)의 중요성을 강조한 것은 프로이트 이론의 성격구조이론이다.

③ 음영(그림자)은 자아이면에 자신도 모르는 자신의 분신, 의식과 상충되는 무의식적 측면이다.

⑤ 다양한 콤플렉스에 기초하는 건 개인무의식이다.

〈 정답 ④ 〉

04) 아들러(A. Adler)의 이론에 관한 설명으로 옳은 것을 모두 고른 것은?   (18회 기출)

> ㄱ. 인간을 사회적 존재로 보았다.
>
> ㄴ. 인간의 성격발달 단계를 제시하였다.
>
> ㄷ. 출생순위, 가족과 형제관계에서의 경험은 생활양식에 영향을 준다.

① ㄱ   ② ㄴ   ③ ㄷ

④ ㄱ, ㄴ   ⑤ ㄱ, ㄷ

해설

ㄴ. 성격발달단계는 프로이트와 에릭슨, 그리고 융의 이론에서 지시되었고 아들러는 성격구조나 발달단계를 제시하지 않았다.

〈 정답 ⑤ 〉

심리사회이론(에릭슨, 융, 아들러 이론)
다음 문장에서 틀린 것을 모두 고르시오.

◆ 에릭슨의 심리사회이론

① 근면성 대 열등감의 위기를 극복하여 강화되는 자아특질은 능력이다.

② 에릭슨은 개인의 발달이 사회를 풍요롭게 한다고 하였다.

③ 에릭슨은 성격이 생물학적 요인과 개인의 심리, 사회문화의 상호작용에 의해 결정된다고 보았다.

④ 에릭슨은 인간의 행동이 사회적 관심에 대한 욕구, 유능성에 대한 욕구에 비롯된다고 보았다.

⑤ 에릭슨에 의하면, 성장하는 모든 것은 기본 계획이 있다.

⑥ 에릭슨은 인간을 합리적이고, 이성적이며, 창조적인 존재로 간주한다.

⑦ 에릭슨은 발달단계에서 외부 환경에 대처하고 적응하는 과정을 중요하게 다룬다.

⑧ 주도성 대 죄의식의 위기를 극복하면 '의지'라는 심리사회적 능력을 얻는다.

⑨ 에릭슨은 성격발달에서 유전적 요인의 영향력을 배제하였다.

⑩ 에릭슨의 '친밀감 대 고립감' 시기는 프로이트의 항문기에 해당한다.

⑪ 에릭슨은 인간행동이 의식 수준에서 통제하기 어려운 자아(ego)에 의해 동기화된다고 본다.

⑫ '근면성 대 열등감' 시기의 주요 관계는 부모이고, '정체감 대 역할혼미' 시기의 주요 관계는 또래집단이다.

◆ 융의 분석심리이론

① 융은 성격이 과거사건 및 미래에 대한 열망에 의해 형성된다고 보았다.

② 융은 성격발달이 전 생애에 걸쳐 이루어지면 후천적으로 변할 수 있다고 보았다.

③ 그림자(Shadow)는 인간이 자신의 일부라고 받아들이기 꺼려하는 성격이 어둡거나 사악한 측면이다.

④ 자기(self)는 성격의 중심으로 통일성과 안전성을 제공한다.

⑤ 융에 의하면 인간발달의 궁극적 목표는 자기실현(self aCTulization)이다.

⑥ 융의 의하면 청년기에 여성에게는 독립적이고 공격적인 측면이 나타난다.

⑦ 개성화(individuation)는 모든 콤플렉스와 원형을 끌어들여 성격을 조화시키고 안정성을 유지하는 것이다.

⑧ 음영은 인간의 정신에 존재하는 보편적이고 근원적인 핵이다.

⑨ 집단무의식(colleCTive unconscious)은 개인마다 원형이 다르다.

⑩ 자기(self)는 유아기에 발현되는 원형으로 성격과 조화와 통일을 관장한다.

⑪ 아니무스(animus)는 남성 속의 여성적 원형을 의미한다.

⑫ 융은 네 가지 정신기능으로 사고, 감정, 판단, 인식을 주장하였다.

⑬ 자기(self)는 개인무의식 내에 존재하는 핵심적인 원형이다.

⑭ 융은 생애주기에서 중년기와 노년기보다 유년기와 청년기를 강조하였다.

⑮ 융이 성격유형 중 직관형은 변화와 다양성을 중시하며 이성을 필요로 한다.

◆ 아들러의 개인심리이론

① 사회적 관심은 선천적이지만 의식적인 개발을 필요로 한다.

② 우월에 대한 추구는 개인적, 사회적 수준에서 나타난다.

③ 우월의 목표에는 긍정적 경향과 부정적 경향 모두가 포함될 수 있다.

④ 창조적 자기(creative self)는 개인의 자유와 선택을 강조하는 개념이다.

⑤ 아들러 이론은 인간을 하나의 통합된 유기체로 인식한다.

⑥ 출생순위, 가족의 크기 등은 개인의 성격발달과 생활양식에 영향을 미친다.

⑦ 아들러는 사회적 관심과 열등감을 기반하여 네 가지 생활양식 유형을 제안하였다.

⑧ 아들러에게 치료목표는 증상의 경감이나 제거에 있다.

⑨ 기본적인 생활양식에 4~5세경에 형성되며 그 이후 지속적으로 변화한다.

⑩ 개인의 환경을 객관적으로 파악하고 객관적 믿음에 따라 행동한다.

⑪ 창조적 자아는 생의 목표에 도달하기 위하여 설계한 좌표를 의미한다.

⑫ 생활양식 유형 중 획득형은 사회적 관심과 활동수준이 낮은 유형으로 성공보다 실패하는 것을 더 두려워한다.

⑬ 열등감은 보다 나은 자기완성의 의지를 약화시킨다.

〈 정답 〉
• 에릭슨의 심리사회이론 – ⑧ ⑨ ⑩ ⑪ ⑫
• 융의 분석심리이론 – ⑧ ⑨ ⑩ ⑪ ⑫ ⑬ ⑭ ⑮
• 아들러의 개인심리이론 – ⑦ ⑧ ⑨ ⑩ ⑪ ⑫ ⑬

제4장 행동주의이론

1. 인간관과 가정

(1) 인간관
○ 행동주의 학자들의 인간관

스키너를 비롯한 전통주의자들의 관점과 반두라를 비롯한 사회학습이론가들과 인지적 행동
주의자들 사이에 차이점이 많음

○ 학자들의 인간관에 대한 차이
- 인간행동의 결정요인에 대한 시각의 차이
  - 스키너(1971): 자율적 인간이란 존재할 수 없다고 주장, 기계론적 환경결정론의 입장
  - 반두라(1963): 인간과 환경이 상호작용으로 보는 상호결정론(reciprocal determinism)
    에 입각하여 인간의 본성을 설명
- 인간이 어느 정도 합리적 존재에 대한 관점의 차이
  - 스키너(1971): 인간의 내면세계, 즉 성격, 심리상태, 느낌, 목적, 의도 등은 연구할 필요
    없다고 하여 인간본성이 합리적인지, 비합리적인지에 대한 논의 자체를 거부했음
  - 반두라(1963): 인간은 자신의 인지능력을 활용하여 사려 깊고 창조적인 사고를 함으로
    써 합리적 행동을 계획할 수 있는 능력이 있다고 봄
- 인간본성의 주관성 또는 객관성에 대한 관점의 차이
  - 스키너: 인간행동을 객관적인 자극-반응의 관계에서만 설명할 수 있다고 보고 인간본
    성에 대해 객관적 관점을 갖고 있음
  - 반두라: 환경으로부터의 객관적 자극에 반응할 때 인간 내면의 주관적인 인지적 요소가
    관여한다고 보고 있기 때문에, 인간에 대한 주관적 관점과 객관적 관점을 동시에 지니
    고 있음

○ 학자들의 인간관에 대한 공통점
- 스키너와 반두라 모두 인간의 행동을 불러일으키는 요인은 환경적 자극이라는 점에 동의함

- 스키너와 반두라 모두 인간본성이 가변적 속성을 지니고 있다는 점에 동의함

(2) 기본가정

모든 이론에 동일하게 적용되는 기본가정 제시는 어려움
- 스키너: 인간의 행동은 환경적 자극에 의해 동기화되며, 행동에 따르는 강화에 의해 전적으로 결정된다는 환경결정론
- 반두라: 인간행동은 외적 환경의 자극과 인간 내적 사건이 상호 작용하여 결정된다는 상호결정론

2. 초기 행동주의 이론

(1) 파블로프의 이론
○ 주요개념
- 고전적 조건화
- 일반화(generalization)
- 변별자극(변별화, discriminative stimulus)
- 학습 소거(extinction)
- 자연적 회복(spontaneous recovery)

(2) 왓슨의 이론
- 인간행동을 예견하고 통제하는 것에 목적을 둔 자연과학이라고 정의. 행동이란 적절한 자극을 선택함으로써 형성될 수 있다고 강조함
- 흰 쥐 실험 – 자극에 대한 반응이 반복적으로 연관 지어지면 이것은 습관이 되고 조건화된 자극 – 반응(S–R)의 관계를 이룸
- 결과 – 정신병리란 본능이나 해결되지 않은 오이디푸스적인 내적 갈등이라기보다는 조건화된 학습의 결과라고 생각하였음

(3) 손다이크의 이론: 효과의 법칙(Law of Effect)
- 어떤 결과는 만족감을 주는 반면에 어떤 결과는 만족감을 주지 못하기 때문에 학습이 약해

지거나 강화된다는 것
- 사회학습 이론의 발달에 중요한 기초가 됨

3. 스키너의 이론

(1) 인간행동에 대한 기본 가정
인간의 행동은 환경적 자극에 의하여 동기화되고, 그것에 따르는 강화에 의하여 행동의 빈도와 강도 결정되므로 인간은 자신을 통제할 수 있는 힘이 없으며 외적강화 없이는 행동학습이나 수정이 없음

(2) 주요개념
○ **반응적 행동과 조작적 행동**
- 반응적 행동(respondent behaviors), b. 조작적 행동(operant behaviors)

○ 강화와 강화인
- 강화(reinforcement): 조작적 조건형성을 통해 어떤 행동이 다시 발생하도록 유도하는 과정
  - 정적 강화(positive reinforcement): 바람직한 행동이 증가하면 좋아지는 것을 주는 것 (성적이 오른 아들에게 용돈을 주는 것)
  - 부적 강화(negative reinforcement): 바람직한 행동이 증가하면 싫어하는 것을 제거해 주는 것(성적이 오른 아들에게 청소를 면제시켜 주는 것)
- 강화인(reinforcer): 어떤 행동이 다시 발생할 가능성을 증가시키는 자극
- 강화와 벌의 관련성
  - 유쾌한 자극 제시 – 정적강화
  - 유쾌한 자극 철회 – 벌
  - 혐오적 자극 제시 – 벌
  - 혐오적 자극 철회 – 부적 강화

○ **벌과 소거**

- 벌의 두 가지 종류 – 혐오적 자극을 제시하는 것, 유쾌한 자극을 철회하는 것
- 벌보다는 행동의 빈도를 줄이는 소거(소멸) 사용이 바람직
  - 소거(소멸, extinction): 행동을 증대시키려는 강화와 달리, 행동 빈도를 감소시키거나 전적으로 중지시키려는 과정. 어떤 자극이 있은 후에도 특정 행동이 일어나지 않는 것

○ **강화계획(reinforcement schedule) – 간헐적 강화계획 종류**
- 고정간격 스케줄, 변수간격 스케줄, 고정비율 스케줄, 변수비율 스케줄

○ **이차적 강화**
- 일차적 강화물과 계속 짝지어진 중립적 자극은 그 자체가 강화물(음식물+미소, 칭찬)

○ **변별강화**
- 두 개의 반응 중에서 강화를 주는 반응은 증가되고, 강화를 주지 않는 반응은 감소하는 것(사회적응적인 반응에는 강화를 주고, 문제성이 있는 반응에 대해서는 강화를 주지 않는다면 그 결과로 사회적응적인 반응은 증가되고, 문제성이 있는 반응은 감소)

○ **행동조성(shaping)**
- 복잡한 행동이나 복합적인 기술을 학습시키기 위해서 사용하는 방법, 바람직한 행동을 학습할 수 있도록 기대에 부응하는 행동을 강화함으로써 행동을 점진적으로 만들어 가는 것

○ **일반화(generalization)**
- 특정 자극상황에서 강화된 행동이 처음의 자극과 비슷한 다른 자극을 받았을 때 다시 발생하게 되는 것을 의미하며 자극일반화와 반응일반화로 구분

4. 반두라의 사회학습이론

(1) 기본 가정
고전적 조건형성이론과 조작적 조건형성이론에서 기존의 행동주의자들이 사고과정의 역할,

태도, 가치 등 중재 개념에 대한 언급을 배제한 데 반해, 반두라의 사회학습이론은 상호적이며 중다양식적임

(2) 주요개념

O **모방(imitation) 모델링(modeling)**
- 인간의 반응은 직접적 강화를 받지 않더라도 타인의 행동을 관찰함으로써 변화할 수 있다는 것
- 보보 인형 연구(bobo doll experiment)

O **관찰학습(observational learning, 모방학습, 사회학습, 대리학습, 모델링, 대리적 조건화의 의한 학습)**
- 관찰학습의 4단계
  - 주의집중단계(주의, attention)
  - 기억단계(파지단계, memory)
  - 운동재생단계(motoric reproduCTion)
  - 동기화단계(동기유발, motivation)

O **상호결정론(reciprocal determinism)**
- 인간의 성격이 개인적 · 행동적 · 환경적 요소 간의 지속적인 상호작용에 의해 발달

O **자아강화(self reinforcement)와 자기효능감(self-efficacy)**
- 자아강화: 개인의 행동은 자아강화와 외적 영향 요인에 의해 결정
- 자기효능감: 자신의 내적 행동평가기준과 자아강화기제에 의하여 자아효능감이 형성

5. 행동발달에 대한 관점

(1) 스키너(Skinner)

성격이란 각 개인이 지니고 있는 행동유형들의 집합. 더 나아가 한 개인의 행동과 그에 따르는 강화 사이의 관계 유형. 인간의 행동발달을 단계별로 구분하여 그 특성을 논의하는 것은

의미가 없다고 봄. 각 개인들 차이점을 이해하는 데 더욱 강조점을 둠

(2) 반두라(Bandura)

생활주기와 관련된 다양한 현상에 관심을 기울임. 행동의 선행요인과 행동에 따르는 강화와 벌의 효과성은 각 개인의 목표, 계획, 자아효능감 등에 따라 차이가 있기 때문에, 생활주기에 따른 단계별로 행동발달의 공통적 특성을 설명한다는 것은 무의미하다고 봄

6. 사회복지실천에 대한 적용

(1) 적응행동과 부적응 행동에 대한 관점

• 부적응적 행동 – 행동결여, 행동과다, 환경적 자극의 부적절한 통제, 자극에 대한 부적적한 규제, 부적절한 강화유관
• 반두라는 부적응적 행동이 강화와 벌의 역사에 기원을 두고 있다는 전통적 행동주의자들의 관점을 인정하지만 인지적 요인, 특히 자아강화와 자아효능감을 중시함

(2) 치료적 기법

• 체계적 둔감화(systemic desensitization)
• 토큰경제(token economy)
• 이완훈련(relaxation training)
• 격리(time out) 기법
• 과잉교정(overcorrection) 기법
• 반응대가(response cost)
• 혐오기법(aversive techniques)
• 인지적 재구조화(cognitive restructuring) 기법
• 인지적 자기지시(cognitive self-instruction) 기법
• 인지적 심상기법(cognitive imagery techniques)(내파기법, 홍수기법, 합리적 심상기법)
• 자기주장훈련(self-assertive training)
• Lazarus(1981)의 절충적 행동주의 모델

───────────── 〈 TEST 〉 ─────────────

上·中·下

01) 스키너(B. F. Skinner)의 이론에 관한 설명으로 옳은 것은? (14회 기출)

① 인간행동은 내적인 동기에 의해 강화된다.

② 조작적 행동보다 반응적 행동을 중요시 한다.

③ 인간행동에 대한 환경의 결정력을 강조한다.

④ 자기효율성을 성취하기 위해 행동을 규제한다.

⑤ 인간은 자신의 행동을 통제할 수 있는 힘을 가지고 있다.

해설

스키너를 포함한 행동주의이론의 특징은 인간행동에 대한 환경(혹은 외적 자극)의 영향력을 강조한다는데 있다. 특히 인간과환경의 상호결정론을 주장했던 반두라와 달리 스키너는 인간이 환경에 의해 결정된다는 기계론적 결정론을 강하게 주장했다. 〈 정답 ③ 〉

上·中·下

02) 반두라(A. Bandura)가 설명한 자기효능감의 형성요인이 아닌 것은? (17회 기출)

① 대리경험　　　　　② 언어적 설득　　　　　③ 정서적 각성

④ 행동조성　　　　　⑤ 성취경험

해설

행동조성은 반두라가 아닌 스키너 이론의 개념이다. 반두라는 자기효능감을 형성하는 요인으로 다음 4가지를 제시했다.

• 직접전인 성취경험: 도달할 수 있는 목표를 세우고 수행능력을 증진 시켜 성취(성공)한 경험

• 대리적 성취경험: 누군가(모델)가 어떤 목표를 성취하는 것을 보는 경험, 모델의 수가 많고 모델이 자신과 유사할수록 모델링 가능성이 높아짐

• 언어적(사회적)설득: 성공적으로 수행할 수 있는 자신의 능력을 신뢰하도록 하는 언어적인 설득과 격려 (예) "너라면 할 수 있을 거야')

• 정서적 각성: 힘을 증진시키는 운동 프로그램, 스트레스 감소, 대처능력의 향상 등을 통한 심리사회적 능력의 촉진

〈 정답 ④ 〉

上 · 中 · 下

03) 반두라(A. Bandura)의 사회학습이론으로 옳지 않은 것은?　　　　　(18회 기출)

① 자기강화란 자기 스스로 목표한 일을 달성하고 자신에게 강화물을 주어서 행동을 유지하고 변화해 나가는 과정이다.

② 자기효능감은 자신이 바라는 목적을 이루기 위해 특정 행동을 성공적으로 수행할 수 있다는 신념이다.

③ 관찰학습은 단순한 환경적 자극에 대한 반응을 통하여 행동을 학습하는 것이 아니라 타인의 행동을 관찰함으로써 행동을 습득하는 것이다.

④ 관찰학습의 마지막 단계는 운동재생단계이다.

⑤ 인간의 성격은 개인적, 행동적, 환경적 요소들 간의 지속적인 상호작용에 의하여 발달한다.

해설

관찰학습은 주의집중단계 → 보존단계 → 운동재생단계 → 동기화단계 이다.

〈정답 ④〉

上 · 中 · 下

04) 행동주의이론의 주요개념에 관한 설명으로 옳은 것을 모두 고른 것은?　　(18회 기출)

ㄱ. 인간의 행동은 환경적 자극에 의해 동기화된다.

ㄴ. 변별자극은 어떤 반응이 보상될 것이라는 단서 혹은 신호로 작용하는 자극이다.

ㄷ. 강화에는 즐거운 결과를 의미하는 정적 강화와 혐오적 결과를 제거하는 부적 강화가 있고 이 두 가지는 모두 행동의 빈도를 증가시킨다.

① ㄱ　　　　② ㄴ　　　　③ ㄱ, ㄴ　　　　④ ㄴ, ㄷ　　　　⑤ ㄱ, ㄴ, ㄷ

해설

ㄱ, ㄴ, ㄷ 모두 행동주의 이론의 주요개념이다.

〈정답 ⑤〉

행동주의 이론

다음 문장에서 틀린 것을 모두 고르시오.

◆ **행동주의 이론과 파블로프의 고전적 조건화**

① 파블로프는 인간행동이 학습되거나 학습에 의해 수정된다고 가정한다.

② 행동주의이론은 환경의 변화를 통해 문제를 해결할 수 있는 기반을 제공한다.

③ 파블로프는 환경적 자극에 능동적으로 반응하여 나타나는 행동에 관심을 가진다.

④ 파블로프는 개인의 사고와 인지적 역할을 강조한다.

⑤ 파블로프는 강화와 처벌을 중요시한다.

◆ **행동주의 이론과 스키너와 반두라 이론**

① 공부하는 자녀에게 한 과목 문제풀이를 끝낼 때마다 한 번의 간식을 제공하는 고정비율 강화계획이다.

② 공부하는 자녀에게 하루 중 세 번의 간식을 주기로 하고 아무 때나 간식을 제공하는 것은 가변간격 강화계획이다.

③ 반두라에 의하면 인간행동은 개인, 행동, 환경의 상호작용으로 발달한다.

④ 반두라의 관찰학습의 과정은 주의집중-기억-운동재생-동기유발 순이다.

⑤ 반응률이 높은 강화계획 순서는 가변간격, 고정간격, 가변비율, 고정비율 순이다.

⑥ 미소, 칭찬, 점수 등은 1차적 강화물이다.

⑦ 스키너 이론은 인간의 자유의지를 강조한다.

⑧ 반두라는 인간행동에서 외적 영향력보다 내적 영향력을 더 강조한다.

⑨ 반두라는 인간발달에서 인생 초기의 부정적 경험을 중요시한다.

⑩ 반두라는 인간행동발달에서 연령별 단계를 제시하고 있다.

⑪ 숙제는 하지 않은 학생의 핸드폰을 압수하는 방법으로 행동을 수정하는 것은 정적 처벌이다.

〈 정답 〉

• 행동주의 이론과 파블로프의 고전적 조건화 – ③④⑤
• 행동주의 이론과 스키너와 반두라 이론 – ⑤⑥⑦⑧⑨⑩⑪

제5장 인지이론과 도덕발달이론

1. 피아제의 인지이론

1) 인간관과 가정

(1) 인간관
인간은 매우 주관적인 존재, 가변적 존재, 능동적 존재, 미래지향적 존재, 합리적 존재 또는
비합리적 존재

(2) 기본가정
낙관적, 비결정론적 관점, 인지중재역할, 인지, 감정, 행동의 역동성, 상호결정론

2) 주요개념

(1) 인지의 개념과 영역
일정한 자극과 정보를 조직화하여 지식을 얻는 심리적 과정

(2) 인지과정(cognitive process)
개인이 활용 가능한 정보를 지각하고, 조직화하고, 평가하는 정신과정

(3) 인지구조
○ 도식, 개념 및 명제
인지의 기본 단위: 도식(schema), 개념(concept), 명제(proposition)
- 도식: 사건이나 자극의 특징에 대한 추상적 표상. 사건이나 자극을 인식하고 그것에 대
  응하는 데 사용되는 기본적인 이해의 틀
- 개념: 다양한 경험에서 나온 정보가 공유하고 있는 특성을 통합하여 계층 또는 범주로
  조직화하는 것. 머릿속의 관념적 구성물. 지적, 상징적 의미의 집합체

- 명제: 두 가지 이상의 개념 사이의 관련성을 토대로 규칙, 신념, 가설을 설정한 것

○ **인지기능: 유전적으로 물려받은 기본경향**
- 적응: 개인과 환경사이 상호작용과정으로 동화와 조절 과정을 거쳐 이루어짐
  - 동화(assimilation): 개인이 이미 갖고 있는 도식을 이용해서 새로운 자극이나 정보를 그 도식에 맞게 이해하는 사고과정
  - 조절(accommodation, 순응): 외부의 자극이나 정보에 맞게 자신이 현재 가지고 있는 도식을 변화시키는 과정
  - 동화와 조절은 상호 보완적 관계
- 구조화 – 개인자신이 가지고 있는 여러 도식을 체계로 만드는 기능(인지조직화)
- 평형화 – 동화와 조절이 균형을 이루게 만드는 인지기능

○ **자기개념과 자기효능감**
- 자기개념: 인지기능을 이해하는데 필수적인 인지구조상의 역동적 상호작용, 상호관련성과 유형화를 보임
- 자기효능감: 자기평가에 근거한 신념체계, 목적을 성취하는데 행동을 조직화하고 실행에 옮기는 능력에 대한 개인적 판단
- 동적자기개념: 자기개념의 전체 중에서 특정한 상황에서 작동하는 자기개념 측면

3) 인지 발달에 대한 관점

(1) 개념
- 아동이 세상에 대한 자기 자신의 이성적 견해를 적극적으로 구성한다는 점을 강조(피아제)
- 동화와 조절이라는 기제를 활용하여 새로운 상황이나 환경에 적응하는 능력이 강화된다는 의미(인지성장)

(2) Piaget의 인지발달 4단계
○ **감각운동단계(sensory motor stage): 출생에서 2세경**
대상영속성 발달, 인과관계 인식, 목적지향적 행동, 표상적 지능

○ 감각운동 단계의 세부 단계별 특징

세부단계	연령	인지발달
반사기	출생~1개월	• 빨기반사, 파악반사, 미소반사 등 타고난 반사행동을 통하여 환경과 접촉하고 적응적 방향으로 수정됨
1차 순환반응기	1~4개월	• 우연히 어떤 행동을 하여 흥미 있는 결과를 얻었을 때 이러한 행동을 반복함 (예, 손가락 빨기) • 점차 대상의 특성을 발견하고 그 물체의 요구에 따라 반응을 수정해 가는데, 이를 위해서는 감각체계 간의 협응이 이루어져야 함
2차 순환반응기	4~8개월	• 활동 자체의 흥미에서 벗어나 환경 변화에 흥미를 가지고 활동을 반복 (예, 딸랑이 흔들기) • 자신의 행동과 예상되는 결과를 예측하며, 자신의 욕구충족을 위하여 의도적으로 행동함
2차 순환반응협응기	8~12개월	• 친숙한 행동이나 수단을 통해 새로운 결과를 얻으려고 하므로 이 단계의 행동은 의도적이고 목적적임 • 1차 도식(예: 엄마의 옷을 잡아당기기)과 2차 도식 (예: 엄마를 다른 곳으로 데려가기)의 협응이 이루어짐
3차 순환반응기	12~18개월	• 친숙한 행동으로 목표에 도달할 수 없을 경우 전략을 수정하여 사용함 • 도식 자체가 크게 변화하게 되고, 능동적으로 새로운 수단을 발견함 • 시행착오적 행동을 함(예: 높은 곳에 물건을 내리는 것에 실패할 경우 의자를 가져다 놓고 높은 곳에 있는 물건을 내림)
정신적 표상기	18~24개월	• 행동하기 전에 생각을 함으로써 이해와 통찰을 얻을 수 있음 • 수단과 목적의 관계에 대한 정신적 조작이 가능해짐 • 몸으로 행동하는 대신 마음속으로 행동의 결과를 예측함

○ 전조작적 사고 단계(preoperational stage): 2~7세

전개념적 사고 단계	• 2~4세 • 상징적으로 사물을 조작할 수 있도록 해 주는 표상기술을 획득하게 됨 • 모방, 심상, 상징화, 상징놀이, 언어기술 획득 • 상징적 사고, 자기중심적 사고, 물활론적 사고, 인공론적 사고, 전도추리 가능
직관적 사고 단계	• 4~7세 • 사물과 사건의 표상을 위해 개념 형성하지만 불완전. 부분적 논리 통해 추론 • 상위, 하위 개념 분류 능력 불완전 • 전도추리 경향, 중심화 경향, 불가역적 사고 특성, 자아중심적 사고 특성

※ **물활론적 사고**

생명이 없는 대상을 살아 있다고 생각 – 책이 떨어진 것: 책이 다른 책이랑 같이 있고 싶지 않아서 떨어졌다고 생각

※ **인공론적 사고**

모든 사물이나 사고는 인간을 위해 존재한다고 생각 – 번개는 인간 벌하기 위해, 해와 달도 인간을 위해 누군가 만들었다는 사고

○ **구체적 조작 사고 단계**(concrete operational stage): 7~11세

비논리적 사고에서 논리적 사고로 전환. 보존기술, 가역성, 연속성, 분류기술과 같은 기본
논리체계획득, 조망 수용 능력(사회적 관점 수용 능력), 자율적 도덕성

- 보존기술(통일성, 보상성, 가역성 이해)

- 가역성

- 연속성

- 분류기술(유목화)

- 자율적 도덕성

○ **형식적 조작 사고 단계**(formal operational stage): 12~성인기

- 추상적사고, 가설설정과 미래사건의 예측 가능 연역적, 조합적 사고

- 형식적 조작사고단계 인지발달특성

  - 구체적 상황초월, 상상적 추론가능

  - 가설설정과 미래사건 예측가능

  - 모든 개념적 조합을 체계적으로 검증가능

  - 모든 변인의 관련성을 파악하여 적절한 해결책을 찾음

4) 사회복지실천에의 적용

(1) 심리적 건강과 증상에 관한 관점

○ **대표적 인지치료이론가**: Beck과 Ellis

- Aron Beck(1921~현재)의 인지치료: 특징적 사고 유형이 우울증 및 불안장애를 유발하는
  요인을 정교하게 설명하고 효과적으로 개입할 수 있는 방법 제시(1976)

  - CT의 문제를 해결하기 위해서는 인지적 측면의 왜곡을 수정하는 것이 가장 효과적임

- Albert Ellis(1913~2007)의 합리적 정서행동치료(rational emotive behavior therapy: REBT):
  자기패배적 행동과 정서적 고통을 야기하는 비합리적 사고와 신념에 초점을 둠

  - 비합리적 신념에는 반드시, 절대로, 모든, 완전한, 전혀, 해야만 한다 등이 저변에 깔려
    있어 합리적 생각으로 바꿔야 함

○ Ellis의 ABCDE 모델

• 선행사건(activation event): 개인에게 정서적 혼란 야기하는 사건(대학에 불합격)
• 신념체계(belief system): 어떤 사건이나 행위 등과 같은 환경적 자극에 대해 개인이 지니고 있는 태도나 사고방식 의미(나는 쓸모없는 사람이야)
• 결과(consequence): 선행사건에 직면하였을 때 비합리적 태도나 사고방식 가지고 해석함으로 느끼게 되는 불안, 원망, 비판, 죄의식 등 정서적 결과 의미(우울증, 자살충동)
• 논박(dispute): 개인이 가지고 있는 비합리적 사고나 신념에 대해서 도전해 보고 사상이 합리적인지 검토하도록 치료자가 촉구하는 과정(한번에 합격하지 못하면 가치없는 사람이냐?)
• 효과(effect): 내담자가 가진 비합리적 신념 철저하게 논박함으로 합리적 신념으로 대치한 이후에 느끼게 되는 자기수용적인 태도와 긍정적인 감정의 결과(다시 용기내서 준비)

(2) 치료 목표와 과정

○ 인지치료의 목표

내담자가 보이는 정서장애나 문제행동의 제거가 아니라 문제행동의 배후에 있는 비합리적이고 자기 패배적인 신념을 최소화하고 삶에 대하여 더욱 현실적이고 합리적인 가치관을 형성하는 데 있음

○ 합리적 정서행동치료(REBT)에서 달성해야 할 치료목표(Ellis)

자기관심, 사회적 관심, 자기지향, 관용, 융통성, 불확실성의 수용, 창조적 추구, 과학적 사고, 자기수용, 모험시도, 장기적 쾌락 추구, 반이상주의, 정서장애에 대한 자기책임의 수용

○ 합리적 정서행동치료(REBT)

지시적 치료: 치료자는 권위적 인물 또는 교사의 역할을 수행

○ 사회복지사의 기능과 역할

CT가 지적 통찰과 정서적 통찰을 얻을 수 있도록 논박하는 것

(3) 치료기법

합리적 정서행동치료에서 CT의 사고, 감정, 행동을 변화시키기 위해 다양한 기법 사용

- 인지적기법: CT의 비합리적 신념체계, 특히 당위적 요구적 신념체계를 인식하고 합리적 사고방식을 갖도록 원조
- 정서적기법: CT가 자신을 정확하게 표현하도록하고 정서적 모험을 경험할 수 있도록 자신을 개방하도록 하는데 사용하는 기법
- 행동적기법: CT에게 어떤 행동을 하게하여 비합리적 신념체계를 통해 정서장애등에서 벗어나게 하여 역기능 증상에서 벗어나 생산적인 행동을 할 수 있도록 원조하는 방법

2. 콜버그의 도덕성발달이론

1) 도덕성발달 단계

(1) 전인습적수준(9세 이전)

○ 벌을 받지 않기위해 규칙을 지키는 수준

- 1단계: 벌과 복종지향 – 착한 행동시 칭찬받고 나쁜행동시 벌을 받을 것
- 2단계: 욕구충족수단 – 이익에 따라 행동의 옳고 그름이 결정

(2) 인습적수준(9세 이후)

○ 사람들과의 관계의 공정성에 기초한 논리를 중요시

- 3단계: 대인관계 조화 – 착한아이 지향, 부모와 선생님의 인정이 중요
- 4단계: 법과 질서 지향 – 사회 규범을 준수하고 법을 잘 지키는것

(3) 후인습적수준(특별한 단계)

○ 자신의 가치에 따른 도덕적 기준에 의한 판단을 중시

- 5단계: 사회계약 지향 – 최대 다수의 최대 행복을 생각, 도덕적으로 옳은 것이 항상 법적으로 옳은 것은 아님
- 6단계: 보편적 원리 – 사회의 법보다 사람이 느끼는 양심의 가책을 중요하게 생각

2) 콜버그 이론의 평가

- 도덕적 사고와 도덕적 행동간에 불일치 발생
- 여성이 남성보다 도덕적으로 수준이 낮다는 성차별 관점
- 모든 문화권에 보편적인 적용은 한계
- 남성만을 연구의 대상으로 삼은 한계
- 상황에따라 도덕적 퇴행현상 발생
- 도덕적 행동에 영향을 비치는 여러 상황요인을 미고려

—— 〈 TEST 〉 ——

上·**中**·下

01) 콜버그(L. Kohlberg)의 후인습적 수준의 도덕성에 관한 설명으로 옳은 것은?

(17회 기출)

① 일반윤리에 의해 자신의 이익에 따라 행동을 판단한다.

② 개인 상호 간 대인관계의 조화를 바탕으로 행동한다.

③ 인간의 존엄성과 양심에 따라 자율적이고 독립적 판단이 가능하다.

④ 타인 중심에서 벗어나 개인의 욕구충족을 위해 행동한다.

⑤ 도덕적으로 옳고 법적으로도 타당할 때 충족한다.

해설

후인습적 수준의 도덕성은 특정 집단이나 사회의 인습(법, 관습)에 매이지 않고 보편적인 양심과 윤리원칙에 의거하여 인간의 존엄과 양심에 따라 자율적이고 독립적인 판단을 한다.　　　　〈 정답 ③ 〉

上·**中**·下

02) 피아제(J. Piaget)의 인지이론에 관한 설명으로 옳은 것은?　　**(18회 기출)**

① 구체적 조작기에는 추상적으로 사고하고 추론을 통해 가설을 검증할 수 있다.

② 인지능력의 발달은 아동과 환경 간의 상호작용에 의해 단계적으로 성취되며 발달단계의
　순서는 변하지 않는다.

③ 인간의 무의식에 초점을 둔다.

④ 도덕발달단계를 1단계에서 6단계로 제시한다.

⑤ 보존개념은 전조작기에 획득된다.

해설

① 형식적 조작기에는 추상적으로 사고하고 추론을 통해 가설을 검증할 수 있는 시기는 형식적 조작기다.

③ 인간의 무의식에 초점을 두는 것은 프로이트의 정신분석이론이다.

④ 도덕발달단계를 1단계에서 6단계로 제시한 것은 콜버그다.

⑤ 보존개념은 구체적 조작기에 획득된다.

〈 정답 ② 〉

인지발달이론

다음 문장에서 틀린 것을 모두 고르시오.

◆ **피아제의 인지발달이론**

① 전조작기는 자기중심적 사고가 나타나는 시기이다.

② 전조작기는 상징 개념을 획득한다.

③ 전조작기에는 자기만의 규칙을 가지고 있어서 타인을 고려하지 않는다.

④ 구체적 조작기에는 탈중심화로 인해 또래들과의 관계 속에서 의사소통이 활발하게 이루어진다.

⑤ 2차 도식의 협응은 감각운동기에 나타난다.

⑥ 감각운동기에 대상영속성(objeCT permanence)을 획득한다.

⑦ 인지발달은 동화기제와 조절기제를 활용하여 환경에 적응하는 것이다.

⑧ 상위단계는 이전 하위단계를 기초로 형성되며 하위단계를 통합한다.

⑨ 감각운동기의 2차 도식협응기(8~12개월)에는 장애물을 치우고 원하는 물건을 잡는 등 의도적 행동을 할 수 있다.

⑩ 보존개념의 획득은 전조작기의 특징이다.

⑪ 동화는 새로운 규칙을 가지고 있어서 타인을 고려하지 않는다.

⑫ 피아제는 발달에 순서가 있지만 단계를 뛰어넘을 수 있다고 보았다.

⑬ 구체적 조작기에는 놀이와 언어에서 외부의 관점을 고려하지 못한다.

⑭ 피아제에 의하면, 발달단계의 순서는 문화와 개인에 따라 다르게 나타난다.

⑮ 한쪽으로만 생각할 수 있는 것은 자아 중심성이다.

⑯ 이미 경험이나 학습을 통하여 형성된 도식에 맞게 새로운 개념을 이해하는 것은 조절이다.

◆ **콜버그의 도덕성 발달이론**

① 콜버그는 아동이 동일한 도덕성 발달 단계 순서를 거친다고 보았다.

② 콜버그에 의하면 개인이 도달하는 최종 도덕발달 단계를 다를 수 있다.

③ 콜버그 이론은 행동에 영향을 미치는 여러 상황적 요인을 고려하지 않았다.

④ 자신과 가까운 사람들에게 인정받으려고 노력하여 도덕을 지키는 것은 대인관계 조화 때문이다.

⑤ 콜버그는 남성은 권리와 규칙, 여성은 책임감을 중시하는 형태로 도덕발달이 이루어진다고 보았다.

⑥ 콜버그는 인간의 자유의지를 부정하고 환경 자극에 반응하는 존재로 본다.

⑦ 콜버그 이론은 도덕적 행동이나 감정을 지나치게 강조하고 도덕적 사고를 무시한다.

⑧ 콜버그의 후인습적 수준의 도덕성은 개인 상호 간 대인관계의 조화를 바탕으로 행동한다.

⑨ 자신의 이익이 아니라 사람들과 관계의 공정성에 기초한 논리를 중요시하는 시기는 전인습적 시기이다.

〈 정답 〉
• 피아제의 인지발달이론 – ⑩⑪⑫⑬⑭
• 콜버그의 도덕성 발달이론 – ⑤⑥⑦⑧⑨

제6장 인본주의이론

1. 인본주의 이론의 인간관과 주요 개념

구분	인간중심 치료	욕구이론	게슈탈트	실존주의
대표학자	로저스	매슬로우	펄스	얄롬
인간관	인간의 잠재력에 대한 깊은 신뢰, 경험을 통해 자신의 가치를 형성해 감	인간은 삶에 의미와 만족을 주는 일련의 욕구에 의해 동기화 됨	인간은 매 순간 경험하는 유기체로서 환경적 장에서 생활함	인간은 제한된 존재로서 세상에 던져진 존재이며, 스스로 자신을 끊임없이 창조함
주요개념	자아, 자아실현, 훌륭한 삶	욕구위계이론, 결핍동기와 성장동기	지금-여기, 자각과 책임감, 미해결 과제와 회피	죽음과 불안, 자유와 비존재

2. 로저스의 인간중심치료(현상학이론)

(1) 인간관
성장해나가는 미래지향적 존재, 자아실현 경향, 자유로운 존재, 통합적 존재, 주관적 존재, 본성이 선함, 인간은 기본적으로 신뢰할 수 있으며 개인은 같은 일을 겪더라도 자기의 틀에 근거하여 세계를 이해함

(2) 기본가정
주관적 경험론, 인간행동의 미래지향성, 지금 여기 강조, 자기(self) 강조, 감정이입(공감)과 경청, 진실성(일치성) 클라이언트의 자기결정권, 무조건적 관심과 존중 강조, 치료기법보다는 치료적 관계(원조관계) 강조, 성격발달 단계를 제시하지 않음. 인간은 믿을 수 있고 능력이 있으며 자기이해와 자아실현을 위한 잠재력을 갖고 있음

(3) 주요개념
○ **현상학적 장**(phenomenal field)
경험적 세계(experiential world) 또는 주관적 경험(experiential world)이라고 불리는 개념

으로 특정 순간에 개인이 지각하고 경험하는 모든 것을 의미(개를 보고 무서워하거나 덤덤해하거나 머리를 쓰다듬는 행동은 과거의 경험이 현재행동을 나타냄)

○ **자기(self)와 자기개념(self-concept)**
- 개인의 경험전체에서 부분화된 부분으로 스스로 누구인지 인식하는 것
- 현실적 자기(real self), 이상적 자기(ideal self)로 나눔

○ **자아와 자아실현경향**
- 자아: 현재자신이 어떤 인간인가의 개념. 세상에 대한 지각. 개인행동의 근거
- 자아실현경향: 자신의 능력을 개발하는 경향. 더욱 능력 있는 인간이 되려고 하는 경향

○ **무조건적 긍정**
타인의 행동에 대하여 아무 조건없이 있는 그대로 수용하는 것

(4) 성격발달에 대한 관점
- 현상적 자기, 미분화된 현상적 장, 분화지향, 가치평가기준, 외부세계 평가
- 긍정적 지향의 경향, 주관적 경험과 행동, 긍정적 관심에 대한 욕구, 무조건적인 긍정적 관심(unconditional positive regard), 완전히 기능하는 사람(훌륭한 삶의 성격)

○ **완전히 기능하는 사람(훌륭한 삶의 성격)–5가지**
- 경험에 대하여 개방적
- 실존적인 삶
- 유기체적인 신뢰가 있음
- 경험적 자유를 지님
- 창조성을 가지고 있음

(5) 사회복지실천에의 적용
○ **심리적 건강과 증상에 대한 관점**
- 정확한 자기인식(self-awareness)을 얻으려는 동일한 욕구를 가지고 치료 받으러 옴
- 부적응적 개인

• 적응적 개인, 완전히 기능하는 인간

○ **치료 목표와 과정**
• 개인의 독립성과 통합성 달성에 치료목표를 둠

○ **치료적 성격변화를 위한 필요충분조건**
• 일치성 또는 진실성
• 무조건적인 긍정적 관심과 수용
• 감정 이입적 이해와 경청

○ **치료기법**
기법사용을 최대한 억제: 사회복지사의 인간성, 신념, 태도 그리고 치료적 관계가 치료의 성
패를 좌우, 수용, 존경, 이해를 표현하고 전달하며, 생각하고 느끼고 탐색함에 의해 CT가 내
적 준거틀을 발전시키도록 원조하는 것

3. Maslow의 욕구위계이론

(1) 인간관
통합된 전체(전체론적 접근 필요), 자유롭고 자율적인 존재, 창조성은 인간의 타고난 잠재적
본성임(특별한 자질이나 능력을 요구하지 않음),인간본성은 선함

(2) 기본가정
인간의 본성은 원래 선함, 사람은 능력 있는 존재이며 기본적인 욕구들이 충족되면 인간성을
성취하고 결국은 자아실현자가 됨. 건강한 사람의 행동과 지각에 대해 탐구해야 함

(3) 주요개념
잠재적 창조성 – 누구에게나 잠재해 있는 것이기 때문에 특별한 자질이나 능력을 요구하지
않으며, 형성되어 가는 것
• 인간은 고정적이지 않고 항상 무엇인가 되려고 하는 과정에 있음

- 형성되어 가는 과정이 자아실현과정

○ 욕구(매슬로우의 동기화이론)
- 기본욕구: 결핍욕구, 음식과 물, 온도, 사랑과 애정, 안전, 자아존중 등의 욕구
- 메타욕구: 성장욕구, 자아실현욕구, 정의, 선, 미, 질서, 조화, 잠재능력, 재능발휘욕구
- 생존적경향: 기본적욕구 혹은 박탈동기, 생리적욕구, 안전, 소속과 사랑, 자존감욕구
- 실현적경향: 성장욕구, 잠재능력 발휘, 생존적경향 충족된 후 나타남

(4) 매슬로우의 욕구 5단계

- 생리적 욕구(physiological needs): 인간의 가장 기본적인 욕구(식욕, 성욕, 수면욕 등을 의미)
- 안전의 욕구(safety need): 자신의 보호를 의미. 불안·공포에서 벗어나고 싶은 욕구
- 소속과 애정에 대한 욕구(need for belonging and love): 타인으로부터 사랑 받고 싶고 소속감을 갖고 싶어 하는 욕구
- 자존감의 욕구(self-esteem need): 사회생활을 통해 명예, 권력, 물질 등의 획득으로 자신의 만족감뿐 아니라 타인으로부터 존경 받고 싶은 욕구
- 자아실현의 욕구(self-0actualization need): 자기가 어려서 원하던 꿈을 이루려는 욕구

(5) 자기실현자의 특징

- 정확한 현실 지각: 세상을 객관적으로 편견없이 직시함
- 본인·타인·환경에 대한 수용: 자신의 장단점과 타인이나 환경도 그대로 수용함
- 솔직하고 자연스러움: 본성에 의해 솔직하게 행동, 생활, 사고 충동에 꾸밈이 없음
- 자기 자신 이외의 문제에 대한 몰두와 적극적인 문제 해결
- 분리감·사생활에 대한 욕구: 자신의 시간을 즐길 줄 알고 독립적
- 자율적 기능: 모든 일에 자율적으로 행동하며 실수를 두려워하지 않음
- 계속적인 감상의 신선함, 절정 경험, 사회적 관심(인류애)
- 심오한 대인관계
- 민주적이고 우호적인 성격
- 수단과 목적 및 선과 악의 구별
- 철학적인 유머감각

• 창조성, 문화의 내면화에 대한 저항

(6) 매슬로우의 인본주의에 대한 비판

• 건전하고 창조적인 인간을 지나치게 강조함으로써 내적인 측면의 영향을 무시

• 사회의 가치에 따라 욕구 계층이 순서가 바뀔 수도 있음을 간과

• 연령에 따른 욕구 발달단계가 구체적으로 바뀔 수도 있음을 간과

• 지나친 획일성으로 개인차나 상황을 고려하지 않았음

上·**中**·下

01) 매슬로우(A. Maslow)의 욕구단계에 관한 설명으로 옳지 않은 것은? (15회 기출)

① 생리적 욕구 – 음식, 수면, 성의 욕구

② 안전의 욕구 – 보호, 의존, 질서, 구조의 욕구

③ 소속감과 사랑의 욕구 – 친분, 우정, 존경의 욕구

④ 자존감의 욕구 – 능력, 신뢰감, 성취, 독립의 욕구

⑤ 자아실현의 욕구 – 자발성, 포부실현, 창조성의 욕구

해설

존경의 욕구는 자존감의 욕구에 해당된다. 자존감의 욕구는 자기 자신과 다른 사람들로부터 존경을 받고 싶은 욕구를 말하며, 자기존중의 욕구, 자존의 욕구, 존경의 욕구 등으로 표현된다. 참고로 매슬로우는 타인으로부터 받는 존경보다 자신에 대한 자아존중 욕구, 즉 자기 자신으로부터 받는 존경이 더 중요하다고 보았다.

〈 정답 ③ 〉

上·**中**·下

02) 로저스(C. Rogers)의 이론에 관한 설명으로 옳은 것을 모두 고른 것은? (18회 기출)

ㄱ. 인간은 합목적적이며 건설적인 존재이다.

ㄴ. 모든 인간에게는 객관적 현실만 존재한다.

ㄷ. 완전히 기능하는 사람은 자신의 경험에 대해 개방적이다.

ㄹ. 무조건적인 긍정적 관심이 건강한 성격 발달을 위한 중요한 요소이다.

해설

ㄴ. 로저스 이론에서는 인간행동은 개인이 세계를 지각하고 해석한 결과로 보았으며, 객관적 현실세계란 존재하지 않고 개인이 주관적으로 인식한 현실세계만 존재한다고 주장하였다.

〈 정답 ④ 〉

인본주의이론

다음 문장에서 틀린 것을 모두 고르시오.

◆ **매슬로우의 인본주의이론**

① 상위 욕구는 하위 욕구가 일정 부분 충족되었을 때 나타날 수 있다.

② 매슬로우 이론은 지나친 획일성으로 인해 개인차이나 상황을 고려하지 않았다는 비판을 받는다.

③ 매슬로우는 연령에 따른 욕구의 발달단계를 구체적으로 설명하지 않았다.

④ 매슬로우는 다섯 가지 욕구는 동시에 일어날 수 없다고 전제한다.

⑤ 자기실현자는 자율적이고 실수를 두려워하지 않는다.

⑥ 욕구충족이 되면 역기능적인 문제들이 회복된다.

⑦ 자존감의 욕구나 자기실현의 욕구는 중년 이후 나타난다.

⑧ 매슬로우는 유전적 요소가 성격발달에 미치는 영향을 부정하였다.

⑨ 매슬로우는 의하면 창조성은 누구에게나 잠재해 있지만 특별한 자질이나 능력을 요구한다.

⑩ 위계서열이 높은 욕구일수록 강도와 우선순위가 높다.

◆ **로저스의 현상학이론**

① 인간은 통합적 유기체이므로 전체론적 관점에서 접근해야 한다.

② 인간행동은 인간의 세계를 어떻게 지각하느냐에 따라 달라진다.

③ 인간은 능력이 있고 자기이해와 자아실현을 위한 잠재력을 가지고 있다.

④ 치료적 관계에서 일치성과 진실성의 중요성을 강조한다.

⑤ 인간 본성의 긍정적인 측면과 자아개념의 중요성을 강조한다.

⑥ 과거의 경험보다는 과거 경험에 대한 해석이 중요하다.

⑦ 자신의 인생을 결정하는 사람은 자신이다.

⑧ 성격발달은 주로 자아(ego)를 중심으로 이루어진다.

⑨ 로저스 이론에 입각한 치료과정은 지시적이며 치료자는 능동적 참여자이다.

⑩ 로저스 인간의 욕구단계를 강조한다.

⑪ 로저스는 다양한 체계와의 긍정적 상호작용을 이해하는 틀로 제시하였다.

〈 정답 〉
• 매슬로우의 인본주의이론 – ⑧⑨⑩
• 로저스의 현상학이론 – ⑧⑨⑩⑪

제7장 생태학이론과 일반체계이론

1. 생태학이론

(1) 생태학이론 개요
- 브론펜브레너(Bronfenbrenner)가 체계화한 이론
- 인간과 그들이 생활하는 환경적 상황과의 상호작용에 초점을 둠
- 독창적인 이론화를 통해 인간발달 연구의 방향을 근본적으로 변화시킴
- 인간이 물리적·사회적 환경을 변화시키며, 환경과의 지속적인 상호적응 과정을 통해 환경에 의해 변화된다는 이론

(2) 생태학 이론의 특성
- 성장하는 유기체, 항상 변화하는 사회적·물리적 환경과의 특정 시점에서의 상호작용을 규명함
- 인간이 환경의 제 요소들과 끊임없이 상호교류하면서 적응하고 진화한다는 견해를 바탕으로 하고 있음
- 인간과 환경은 분리될 수 없고, 항상 동시에 고려해야 함
- 가족·집단·조직·지역사회·문화 등 인간이 몸담고 있는 환경을 보다 체계적으로 구조화하고 이들 환경체계와 개인 간의 관계를 이해하는 것을 인간발달의 주요과제로 삼음
- 인간발달에서 환경의 영향을 매우 중요시함
- 행동주의 학습이론에서는 환경적 맥락이 모호한 반면, 생태학 이론에서는 환경을 체계적으로 구조화함
- 인간발달이 결코 진공상태에서 일어나지 않고 언제나 특정한 환경 안에서 환경과의 상호작용을 통해 일어난다고 보며, 사회적·물리적 환경을 다양한 체계수준으로 구분하여 개인과의 상호작용을 분석하고 있음

(3) 생태학 이론의 환경
○ 사회적환경

사회적환경에서 인간에게 영향을 미치는 것은 관료조직과 사회적 관계망

• 관료조직: 공식적 조직으로 사회적 · 경제적 · 정치적 · 교육적 · 문화적 서비스를 제공하는 조직으로 적절한 노동문화, 정책과 절차, 권위와 의사결정과정을 통해 인간욕구를 충족시키기 위한 목적으로 설립

• 사회적관계망: 비공식적 조직으로서 공유하는 사회적 지위, 유사하거나 공유하는 기능, 지리적 또는 문화적 관련성 등과 같은 어떤 공통적인 유대에 의해 연결된 개인이나 집단. 즉 가족, 친척, 친구, 이웃, 직장동료, 종교단체, 자조집단 등

○ 물리적환경

• 자연적 환경: 지리적 조건 등으로 온도, 습도, 바람, 기압, 강수량, 계절적 변화 등은 인간의 감정과 행동에 영향

• 인위적 환경: 건물, 교통시설, 통신시설, 대중매체 등으로 인간의 사회적 상호작용, 생활양식, 문화수준 등에 영향

• 시간과 공간
  − 시간: 상호작용의 지속기간, 주기성 및 속도에 대한 것으로 인간의 적응과 밀접한 관련성
  − 공간: 개인의 사회적 상호작용의 양과 거리로 인간은 생활의 편안함을 위해 상대방의 사생활을 침범하지 않고 서로 개입하지 않으며 바람직한 거리를 유지하기 위해서는 상호이해와 합의가 필요

(4) 생태학이론의 체계

○ 미시체계

• 인간이 가장 밀접하게 상호작용을 하는 사회적 · 물리적 환경으로 가족, 친구, 학교, 종교단체 등이 속함

• 성장하는 개인이 친밀한 대면적 환경 안에서 경험하는 활동, 역할, 대인관계 유형을 포함

• 미시체계 내에서 아동과 부모, 또래, 교사와 같은 요인들 간에는 직접적인 상호작용이 이루어짐

○ 중간체계

• 두 개 이상의 미시체계로 구성된 체계

- 가정생활과 학교생활, 가정생활과 친구관계, 가정생활과 종교생활 등이 상호작용을 하는 것
- 중간체계는 성장하는 개인을 포함한 둘 또는 그 이상의 미시체계 간의 연결점을 과정으로 구성

○ **외부체계**
- 개인과 직접 상호작용하지는 않지만 미시체계에 영향을 주는 사회적 환경
- 지역사회 수준에서 기능하고 있는 주요한 기관들, 부모직장, 정부, 사회복지기관, 대중매체 등
- 외부체계는 개인의 생활에서 중요한 부분을 차지하면서 개인의 행동에 크게 영향력을 발휘함
- 중간체계에서 미시체계들 간의 상호작용의 질에도 영향을 미침

○ **거시체계**
- 개인이 속한 사회의 이념이나 제도, 미시체계, 중간체계, 외적체계 등 모든 체계를 포함
- 정치, 경제, 사회, 법, 문화, 관습, 가치관, 종교, 교육, 신념 등 사회적 맥락
- 개인생활에 직접적으로 개입하지는 않지만, 간접적이면서도 전체적으로 강력한 영향력을 발휘함

(5) 브론펜브레너 이론의 평가
○ 기여
- 인간발달에 영향을 미치는 환경을 체계적으로 구조화한 창의적인 이론
- 자연적 환경의 영향을 포함한 포괄적인 환경을 다룸

○ 비판
- 인간행동 발달에 대한 인간의 내적 요소에 관해 거의 논의하지 않음
- 인간과 환경의 영향을 주고받음에 관한 구체적인 언급이 부족함

2. 일반체계이론

(1) 일반체계이론 개요

- 오스트리아 생물학자인 버틀란피(Ludwing von Bertalanffy, 1901～1972)가 1940년대에 처음으로 제시한 이후 1960년대부터 주목을 받게 된 이론
- 체계를 구성하는 요소들은 속성과 요소들 간의 상호작용을 이해하기 위해 개발
- 개인과 사회의 문제를 원인-결과의 관계, 즉 단선적 원인론으로 해석하기보다 상호 연결된 전체로 파악
- 개인과 환경은 어느 한쪽이 다른 한쪽에 일방적으로 영향을 끼치는 것이 아니라 양자가 모두 원인인 동시에 결과인 상호적 원인 관계로 형성된 전체로 파악하는 순환적 원인론을 따름

(2) 일반체계이론의 인간관

- 인간을 통합된 하나의 체계로 간주하는 전체적 인간관을 가짐
- 인간은 신체, 심리, 사회적 부분으로부터 분리된 존재가 아닌 통합된 전체로 기능하는 존재임
- '환경속의 인간' 관점 인간은 외부체계와 끊임없이 상호작용하며, 상호 의존하는 존재이므로 자신의 욕구에 맞게 환경을 수정하고, 환경의 요구에 맞게 행동수정이 가능한 능력을 지닌 존재로 봄

○ 기본가정

- 체계의 구성단위들은 상호의존적이며 상호영향을 주고받기 때문에 체계의 어느 한 부분의 변화는 전체로서의 체계, 그 체계를 구성하는 요소들에 영향을 줌
- 전체는 각 부분들의 합보다 큼(비총합성)
- 모든 체계는 다른 체계의 하위체계이면서 동시에 상위체계일 수 있음(홀론)
- 체계내외부의 변화로 체계가 구조적으로 불균형해 질 경우, 체계는 균형상태를 회복하려고 시도함

(3) 주요개념
○ 체계

- 일정기간 상호작용하는 부분으로 구성된 전체, 즉 부분들 간에 관계를 맺고 있는 일련의 단위

- 가족, 집단, 조직, 문화로 구성된 각각의 체계는 독특한 특성을 지님
- 성원들에게 목표를 제공하고 행동을 조정하는 기능을 갖고 있음

○ 체계의 구조
- 경계: 체계내부와 외부를 분리하는 행동을 통해서 드러나는 추상적인 한계선
- 공유영역: 서로 다른 두 체계간의 공통된 경계구역, 혹은 합의된 관계유형
- 개방체계: 내부, 외부와 자유롭게 에너지를 교환하는 체계(넥엔트로피)
- 폐쇄체계: 외부환경과 고립되어 투입과 산출이 없는 체계(엔트로피)
- 대상체계: 사회복지실천과정에서 분석, 개입하게 되는 특정체계
- 상위체계: 대상체계 외부에서 대상체계에 영향을 미치는 환경 또는 사회적 단위
- 하위체계: 대상체계 내부에서 상호작용하여 체계를 보다 역동적으로 변화시키는 체계
- 시너지: 체계 내에 유용한 에너지 증가현상

○ 체계의 과정
- 투입: 체계의 목적달성을 위해 외부에서 에너지를 유입하는 과정
- 전환: 체계의 특성에 따라 투입된 에너지를 효율적으로 자신에게 맞게 변화시키는 것
- 산출: 체계 내에서 재구성된 에너지가 외부환경으로 내보내는 과정
- 피드백: 체계를 유지, 변화시키기 위한 반응으로 산출된 에너지를 투입, 환류라고도 함

○ 체계의 역동성
- 균형: 새로운 에너지를 투입하지 않고 체계의 속성을 유지하는 것. 폐쇄체계는 내부균형 상태임
- 항상성: 체계의 불균형상태를 균형 상태로 유지하려는 속성, 개방체계를 전제로 함
- 안전상태: 체계유지뿐만 아니라 환경에 따라 체계의 구조를 변경시킬 수 있는 상태, 개방 체계에서 나타남
- 긴장: 외부환경과의 상호작용과정에서 불가피하게 발생하는 갈등, 체계성장과 파괴에 영 향을 미침

○ 체계의 기능적 모델: 파슨스(Parsons)
구조기능주의자로서 안정과 균형을 유지하려는 체계의 특성을 모델화

- 적응(Adjustment): 목적달성을 위해 유지하려는 체계의 특성을 모델화
- 목적달성(Goal attainment): 상위체계가 제시한 목적과 기대를 충족시키기 위해 사회체계가 기능하는 것
- 통합(Integration): 체계 내 성원의 욕구를 만족시키기 위한 체계적 완성
- 유지 및 긴장해소(Latency): 대상체계의 내부와 외부에서 발생하는 자극과 긴장에 대해 체계의 기본적 틀과 경계를 유지하는 것

(4) 사회복지실천과 적용

○ 기여
- 인간행동을 환경과 유기적으로 연결하여 이해할 수 있게 도움
- 문제의 인과관계를 사정할 때 복합적인 변인을 고려할 수 있게 하여 문제사정과 개입체계를 명확하게 함
  - 다각적인 측면에서 접근함으로써 클라이언트의 문제를 보다 효과적으로 원조함
  - 모든 체계가 유사한 관계속성을 지니고 있다는 인식에 기초하여 원조적 문제에서는 이전의 기계적이고 환원적인 사고에서 벗어날 수 있게 됨
- 개인과 사회의 문제를 원인-결과의 관계로 해석하기보다는 상호 연결된 전체로 파악하는데, 이러한 관점은 사회복지실천의 목적과 잘 부합됨

○ 비판
일반성과 구체적으로 검증될 수 없는 난점, 측정상의 문제로 비판받음

3. 생태체계이론

(1) 생태체계이론의 구성
○ 생태체계이론의 관점
- 생태학의 개념과 일반체계이론을 기반으로 파생된 이론
- 인간과 환경적 힘이 상호작용하는 방법에 대한 실천가의 관점을 중시
- 대표적인 학자: 저메인(Carel B. Germain)과 지터먼(Alex Gitterman) 등

○ 생태체계이론의 개념 구성

• 생태학으로부터 개인과 환경 사이에 존재하는 상호 적응의 개념을 빌려옴

• 일반체계이론으로부터는 체계와 관련된 다양한 개념인 상호작용성, 개방체계 및 폐쇄체계, 위계성, 항상성, 환류의 개념 등을 빌려옴

• 동물행동학, 자아심리학, 스트레스 이론, 역할이론, 인류학 이론, 인본주의 이론 등과 같은 다양한 이론의 영향을 받음

○ 일반체계이론의 한계점 극복

Germain(1983)은 생태체계이론은 일반체계이론의 주요 개념을 그대로 받아들이고 있지만, 생태학적 관점에 의해 일반체계이론의 몇 가지 한계점을 극복하고 있음

• 일반체계이론에서 충분한 설명이 없었던 체계 간의 공유영역에 대해 적응과 상호교류라는 개념으로 그 중요성을 강조함

• 체계의 변화 속성만을 강조한 일반체계이론에 비해 생태체계이론은 변화와 동시에 체계의 유지기능을 동등하게 중시함

• 일반체계이론보다 실제 생활 속에서 살아가는 인간의 문제에 관심을 가져 이론에 인간적 관심과 실천적인 경향을 띰

(2) 생태체계이론의 주요 개념

○ 인간과 환경 간의 관계

• 상황 속의 인간: 인간을 매우 복잡한 체계로 바라봄, 인간은 사고, 감정, 관찰 가능한 행동을 가진 생물학적 · 심리적 · 정신적 · 사회적 · 문화적 존재

• 인간은 환경에 대한 반응자일 뿐만 아니라 환경의 자극제이기도 함

• 인간은 변화하는 환경에 적극적으로 적응하고 있으며, 환경에 영향을 미치고 있음

○ 인간과 환경 간의 상호교류

• 호혜적인 상호작용으로 '인간이 지속적으로 그들의 환경을 형성하고 또 그들에 의해 형성되어 가는 과정' 임

• 체계의 기능을 유지하고 변화를 촉구하는 에너지의 출처로서 기능함. 부족하고 비생산적인 상호교류는 성장을 저해하며, 기본적 생존도 위협할 수 있음

• 오늘날 상호교류의 개념: 사회적 기능의 호혜적 차원, 인간과 환경 모두가 변화할 수 있다

는 관점을 강조

○ 발달 개념으로서의 변화
- 생태체계이론은 인간의 변화를 진보적 발달로 파악함
- 인간이 내외적 힘에 반응하여 성장 변화, 안정화되어 간다고 봄
- 인간이 신체적 정서적 지적으로 성숙함에 따라 그들의 행동은 내적인 변화를 드러내고 그에 반응함
- 내적 경험은 상황적 사건에 영향을 미치고 반응함

○ 생태체계이론의 인간관과 주요 개념 비교

구분	체계이론	생태학	생태체계
대표학자	베르탈란피	브론펜브레너	저메인, 메이어
인간관	인간은 체계로서 상호작용하는 부분으로 구성된 전체임. 인간은 하나의 부분으로 분리된 전체가 아니라 통합된 체계로 파악해야 함	생물학적 종으로서 인간은 환경과의 적응적 적합성을 이루어 가는 존재임	인간은 환경과 지속적으로 상호작용하면서 발달하는 존재임. 인간의 내적 영향력과 생태적 환경의 영향력이 적절할 때 적응을 이루게 됨
주요개념	경계, 폐쇄체계와 개방체계, 항상성	미시체계, 중간체계, 외(부)체계, 거시체계, 시간체계	상황 속의 인간, 적응적 적합성, 스트레스와 대처, 생활모델

(3) 생태체계이론과 사회복지실천
○ 사정도구로서 생태체계이론
- 생태체계이론은 인간의 다양성 및 인간과 환경 간의 관계를 이해하기 위한 방법을 제공함
- 생태도(eco-map)와 사회관계망: 생태체계이론에서는 다양한 크기의 사회관계망을 분석하고 클라이언트와 환경 사이의 상호교류를 시각적으로 활용할 수 있는 대표적인 사정도구
  - 생태도: 생활공간 속에서 개인 또는 가족이 차지하는 위치를 그림으로 표시해 주며, 개인이 관계를 맺고 있거나 개인에게 영향을 미치는 조직이나 환경요인을 원을 사용하여 나타냄으로써 그것들을 사회적 환경의 맥락 속에서 파악할 수 있게 해 줌
  - 사회관계망 지도나 사회관계망 표: 클라이언트가 적절하고 효과적인 사회적 지지를 사용하도록 돕기 위해서, 또는 클라이언트의 잠재적인 사회적 지지를 확인하고 사정하는

데 참여시킬 때 사용하는 도구

- 생태체계적 이론의 사정모델은 클라이언트가 가지고 있는 사회관계망 등 자원이나 강점에 초점을 둔 강점이론이나 역량강화모델의 이론적 기초가 되었음
  - 생태체계이론에 기초한 강점모델, 역량강화 접근, 적응유연성 이론은 다양한 인구집단, 특히 약자집단에 매우 유용한 것으로 나타나고 있음

○ **실천모델로서 생활모델**

- 생활 모델(life model): 생태체계이론의 사회복지실천 모델
  - 생활모델은 클라이언트가 환경과 상호 교류하는 과정에서 어느 정도의 적합성을 성취하는가에 초점을 둠
  - 생활모델에서는 개인이 환경과의 상호작용 과정에서 특별한 생활과업과 성숙 욕구를 충족시킬 수 있는 적합성을 성취함으로써 적응적인 삶을 유지할 수 있다고 봄
  - 클라이언트가 자신의 생활에 대해 더 많은 통제력을 획득할 수 있도록 원조하는 데 강조점을 둠
  - 생활모델에서는 개인이 자신의 욕구와 능력과 환경적 자원 간의 불일치가 발생할 때 심리사회적 스트레스를 경험하며 개인 – 환경 적응, 즉 적응적 적합성이 붕괴될 때 생활문제가 발생한다고 보고 있음
② 생활모델의 의의: 생활모델은 사회복지실천의 오랜 관심이었으나 실천 기반이 상대적으로 미약했던 인간과 환경의 상호작용이라는 문제에 보다 실용적으로 접근할 수 있는 실천모델을 제공하였다는 데 의의가 있음

4. 문화

(1) 문화의 개념

- 라틴어 cultura에서 유래된 것으로서 경작, 재배, 교양, 예술 등의 의미로 사용되다가 살아가는 행동 체계나 신념 등의 생활양식이라는 의미로 변화되었음
- 지식, 신앙, 예술, 도덕, 법률, 관습 등 인간에 의해 획득된 모든 능력이나 습성을 포함

(2) 학문분야의 문화 개념

- 교육학·심리학: 학습된 행동, 인류학자: 유무형의 유산이나 생활양식, 지식, 믿음, 가치관, 의식, 행위 규범 등을 포함한 인간의 삶에 필요한 물질적, 정신적인 것을 모두 포함하는 개념
- 문화(culture): 비물질적이고 정신적인 인간의 포괄적인 생활양식
- 문명(civilization): 정신적 발달 인정하지만 물질적으로 생활이 편리해지거나 기술적으로 진보하는 상황을 더욱 강조

(3) 문화의 특성

- 문화: 인간이 사회성원으로서 사고하고 행동, 소유할 수 있는 복합체로서 상징, 언어, 예술, 기술, 규범, 가치 등의 다양한 문화요소로 구성
- 문화는 물질적 문화(각종 생활용품, 기술 등)와 비물질적 문화(도구문화를 제외한 것)로 구분

> 비물질적 문화는 관념문화(과학적 진리, 종교적 신념, 신화, 전설, 문학, 미신 등)와 규범문화(법, 관습, 민습, 원규, 유행 등)로 구분됨

- 문화의 특성: 창조된 것, 학습, 사회적 유산 또는 상속으로서 전승되어 온 것, 보편성, 다양성, 상징성, 역동성, 초개인성을 지님, 정치, 경제, 사회, 역사 등의 사회 구성물이 상호 작용한 결과물
- 문화의 기능: 사회화 기능, 욕구충족기능, 사회통제 기능, 사회존속 기능

(4) 문화체계의 주요 개념

- 문화접촉: 둘 이상의 다른 문화가 서로 접촉하는 것
- 문화마찰: 서로 다른 문화가 접촉하면서 발생하는 오해와 갈등
- 문화변용: 독립된 문화를 지닌 둘 이상의 사회가 문화접촉에 의해 한쪽 또는 양쪽의 문화체계에 변화가 일어나는 현상
- 문화상대주의: 문화의 우열을 결정하는 것은 올바르지 않다고 주장하는 것
- 문화사대주의: 다른 사회의 문화만을 동경, 숭상한 나머지 자기문화를 업신여기거나 낮게 평가하는 태도를 말함

(5) 베리(J. Berry)의 문화적응 유형

- **통합**: 주류사회와의 관계를 유지하고 동시에 고유문화의 문화 정체성과 특성을 유지
- **동화**: 주류사회와 관계는 유지하지만 기존의 모국의 고유문화와 문화적 정체성과 특성을 포기
- **분리**: 주류사회와의 관계는 유지하지 않고 모국의 고유문화의 문화 정체성과 특성을 유지
- **주변화**: 주류사회와의 관계도 유지하지 않으며 동시에 모국의 고유문화와의 접촉도 거부

上 · 中 · **下**

01) 생태학적 이론에 관한 설명으로 옳지 않은 것은? (15회 기출)

① 인간과 환경의 지속적인 상호작용을 강조한다.

② 인간의 병리적인 관점을 강조한다.

③ 적합성이란 인간의 욕구와 환경자원이 부합되는 정도를 말한다.

④ 인간은 자신의 요구에 맞게 환경을 만들어내기도 한다.

⑤ 인간의 생활상의 문제는 전체 생활공간 내에서 이해한다.

해설

생태학적 이론은 인간이 겪는 문제를 개인의 병리적 문제로 치부하지 않고 환경과의 상호 관계에서 뭔가 문제가 발생한 것으로 이해한다. 따라서 인간에 대한 병리적 관점을 거부한다. 오히려 병리적 관점과는 반대로 인간이 환경 속에서 효과적으로 기능할 수 있다고 보는 낙관적 관점을 취한다.

〈 정답 ② 〉

上 · **中** · 下

02) 다양한 사회체계에 관한 설명으로 옳은 것은? (17회 기출)

① 조직의 경계 속성은 조직의 유지 및 변화와 관련이 없다.

② 가족체계 내 반복적 상호작용은 구성원들의 행동에 영향을 미치지 않는다.

③ 집단체계의 전체는 하위체계인 개개인의 고유한 특성의 총합과 동일하다.

④ 지역사회는 완전개방체계의 속성을 유지한다.

⑤ 가상공간은 시공을 초월하며 새로운 공동체 형성을 가능하게 한다.

해설

가상공간(cyberspace)은 같은 시간, 같은 공간에 있지 않아도 상호작용이 가능하다는 특징을 가진다. 따라서 물리적 공간이나 시간상의 제약에 구애받지 않는 공동체(커뮤니티, community)의 형성을 가능하게 한다.

〈 정답 ⑤ 〉

03) 사회체계이론의 개념 중 체계 내부 간 또는 체계 외부와의 상호작용이 증가함으로써 체계 내의 에너지양이 증가하는 것을 의미하는 것은? (18회 기출)

① 엔트로피(entropy) ② 시너지(synergy)

③ 항상성(homeostasis) ④ 넥엔트로피(negentropy)

⑤ 홀론(holon)

해설

① 엔트로피(entropy): 유용한 에너지로 변환시킬 수 없는 에너지의 양(폐쇄체계)

③ 항상성(homeostasis): 체계내의 균형이나 현상유지를 하려고 하는 본질적 속성을 설명하기 위해 사용되는 개념

④ 넥엔트로피(negentropy): 엔트로피의 반대개념으로 외부로부터 에너지를 유입함으로써 체계 내부에 유용하지 않은 에너지가 감소되는 것(개방체계)

⑤ 홀론(holon): 하나의 체계는 상위체계에 속한 하위체계이면서 동시에 다른 것의 상위체계가 된다는 개념

〈 정답 ② 〉

생태체계관점
다음 문장에서 틀린 것을 모두 고르시오.

◆ **생태체계관점**

① 생태체계관점은 문제해결을 위한 적절한 모델을 선택할 수 있게 한다.

② 환류(feedback)는 정보의 투입에 대한 반응으로 일종의 적응기제이다.

③ 이혼 위기에 처한 부부가 외부 전문가의 도움으로 불화가 개선되고 긴장이 감소되는 것은 넥엔트로피(negentropy)의 예에 해당한다.

④ 시너지는 체계 내에 유용한 에너지가 증가하는 것이다.

⑤ 적합성이란 인간의 욕구와 환경자원이 부합되는 정도를 말한다.

⑥ 생태체계관점은 문제의 원인을 단선적인 인과관계로 파악하는 데 유용한 틀을 제공한다.

⑦ 외부로부터 새로운 에너지의 투입 없이 현상을 유지하려는 체계의 속성은 항상성이다.

⑧ 엔트로피는 체계 내에 질서, 형태, 분화가 있는 상태를 의미한다.

⑨ 생태학적 이론에서는 인간의 병리적인 관점을 강조한다.

◆ **사회체계**

① 가족은 사회통제와 사회화의 기능을 가진다.

② 문화체계는 개인의 생리적 욕구와 심리적 욕구충족에 영향을 준다.

③ 자폐아동부모집단은 지지집단으로 기능할 수 있다.

④ 인간의 성격은 조직생활을 하면서 변화될 수 있다.

⑤ 지역사회의 특성은 인간의 성격형성에 긍정적 또는 부정적 영향을 미친다.

⑥ 시대적 상황에 따라 변화지만 사회마다 공통적인 문화형태가 존재한다.

⑦ 지역사회는 완전개방체계의 속성을 유지한다.

⑧ 폐쇄형 가족체계의 경계는 자유롭고 유동적이다.

⑨ 동화(assimiliation)는 원문화에 관한 정체성을 유지함과 동시에 이주민의 사회참여를 추구하는 유형이다.

⑩ 관념문화에는 법과 관습이, 규범문화에는 종교적 신념과 과학적 진리가 포함된다.

〈 정답 〉
• 생태체계관점 – ⑥⑦⑧⑨
• 사회체계 – ⑦⑧⑨⑩

제8장 태내기와 영아기

1. 태내기

(1) 태내기 발달과정
- 배란기: 수정~수정란의 자궁 착상, 2주간
- 배아기: 자궁 착상~임신 8주까지 6주간, 주요 신체기관 · 신경계 형성, 이 시기에 문제가 생기면 치명적 · 영구적 손상으로 이어짐
- 태아기: 임신 9주차부터 출산까지, 태아는 인간의 모습을 갖추기 시작하며, 임산부가 태아의 움직임을 알 수 있음

(2) 태내 발달에 영향을 미치는 요인
임신부의 건강 · 영양 상태, 정서 상태, 질병, 연령, 약물, 흡연, 음주, 기타 사회경제적 요인

(3) 태내기의 개념 및 특성
수정 후부터 약 280일 동안 태아는 어머니의 체내에서 성장하게 됨

(4) 태내기의 발달
태내발달은 수정에서부터 임신 3개월까지의 임신 1단계, 임신 4~6개월까지의 임신 2단계, 임신 7개월부터 출산까지의 임신 3단계로 나누어 살펴볼 수 있음

○ 임신 1단계의 발달
수정에서부터 임신 3개월까지의 시기, 수정 후 약 2~8주 사이에 해당되는 시기

○ 임신 2단계의 발달
임신 4~6개월 사이 – 태아의 크기는 7~8cm에서 25cm까지 성장하고 몸무게는 30g에서 900g까지 증가함

○ 임신 3단계의 발달

임신 7개월부터 출산까지의 시기

○ 태내발달에 영향을 미치는 요인

• 유전적 요인에 의한 주요 발달 장애

발달장애	유전적 원인과 발달 특성
터너(Turner) 증후군	X염색체가 1개이며 전체 염색체 수가 45개인 성염색체 이상으로, 외견상 여성이지만 여성호르몬의 부족으로 2차 성징이 나타나지 않음. 난소가 기능을 제대로 하지 못하여 생식을 하지 못하며, 목이 가늘고 키가 작음
클라인펠터 (Klinefelter) 증후군	XXY, XXXY, XXXXY 성염색체를 가지고 있어 남성의 특성이 약하고, 사춘기에 가슴과 엉덩이가 커지는 등 여성적인 2차 성징이 나타남. 고환이 미성숙하여 정자의 생산이 불가능하므로 생식이 불가능함
X염색체 결함 증후군	여성보다는 남성에게서 더 많이 발생하고, 얼굴이 길고, 당나귀 귀의 모양을 하고 있으며, 고환이 비대함. 지적장애, 언어장애, 자폐증 등의 장애가 나타나기도 함
다운증후군	몽고증이라고도 불리며, 23쌍의 염색체 중 21번 염색체 이상에 의해 유발되며, 머리가 작고 뒷머리는 납작하며, 팔다리가 짧고 통통함. 성격이 밝고 다정하며 쾌활하여 사교성이 좋음
혈우병	혈액이 응고되지 않은 선천적 장애로, 성염색체인 X염색체의 이상에 의해 발병되며, 질병 저항력이 약함
페닐케톤뇨증 (PKU)	페닐알라닌이라는 단백질 분해효소가 결여되어 소변에 페닐피부르산이 함유되어 배출되는 증상임. 금발, 백안, 치아 사이가 많이 벌어져 있으며, 굽은 자세, 운동과다, 떨거나 반복적 손가락 놀림이 특성임

• 환경적 요인의 영향

– 임산부 연령, 분만 횟수, 영양상태, 질병, 스트레스, 약물복용, 흡연, 음주 등

– 아버지의 영향: 흡연, 특정 화약약품에 노출되는 직업 등

○ 태아의 성장

• 배란기: 수정 후 2주간 수정란이 자궁벽에 착상할 때까지

• 배아기: 수정 후 2~8주, 태반의 발달, 중요 신체기관 형성

• 태아기: 수정 후 9주~출생, 태아가 인간의 모양을 갖추기, 태아 움직임 느낌

(5) 사회복지실천에서의 관심 영역

• 신체적 발달의 관심 영역 – 불임, 임산부의 건강문제, 선천성 장애 등에 관심이 필요함

• 심리적 발달의 관심 영역 – 의도하지 않은 임신, 낙태, 임산부 교육집단, 사회지지망, 상담, 태교, 산후우울증 등에 관심이 필요함

• 사회적 발달의 관심 영역 – 빈곤가족, 임신·출산 의료비 지원, 출산 전후 휴가제도, 가족 역할 재조정 등에 관심이 필요함

2. 영아기(출생~2세)

(1) 신생아기의 개념

<u>출생 후 약 2주간</u>, 발달심리학에서는 약 1개월간의 어린 아기를 말하며 발달은 출생 전 태내기의 발달의 연속이라 볼 수 있고, 보호자의 보호에 의존 생명을 유지

(2) 신생아기의 발달

○ 신체적 발달

평균 신장 50~52cm, 평균체중 3.2~3.4kg 정도이며, 2.5kg 미만인 경우 저체중아 또는 미숙아로 분류

〈신생아의 주요 반사운동〉

반사운동 유형		반사운동의 내용
생존반사	젖찾기 반사 (rooting reflex)	입 부근에 부드러운 자극을 주면 자극이 있는 쪽으로 입을 벌리는 반사운동
	빨기반사 (sucking reflex)	입에 닿는 것은 무엇이든 <u>빠는</u> 반사운동
	연하반사(삼키기반사) (swallowing reflex)	<u>음식물을 삼키는 반사운동</u>
원시반사	바빈스키 반사 (Babinski reflex)	<u>발가락을 펴고 오므리는 반사운동으로 생후 1년경에 사라짐</u>
	<u>모로반사</u> (Moro reflex)	껴안는 <u>반사운동으로 생후 3~4개월경에 사라짐</u>
	<u>파악반사</u> (grasping reflex)	<u>손에 잡힌 것을 꽉 쥐고 놓지 않으려는 반사운동으로 3~4개월경에 사라짐</u>
	걸음마반사 (stepping reflex)	겨드랑이를 잡고 살짝 들어 올려 발을 바닥에 닿게 하면 걸어가듯이 무릎을 구부려 발을 번갈아 바닥에 내려놓는 반사운동

○ 심리적 발달

신생아는 하루에 16~20시간 정도 잠을 자며, 영아의 수면 중 50% 정도가 렘수면(rapid eye

movement sleeping)상태이지만, 이는 차츰 감소하여 성인이 되면 20~25% 정도로 줄어듦

○ **사회적 발달**

미소반응을 통해 확인할 수 있음. 신생아의 경우 생후 1개월 전에는 무의식적인 반사적 미소 (gas smile) 반응을 보이지만, 생후 5주부터 사회적 미소를 보이며, 생후 4개월경에는 미소 반응이 분화됨

○ **사회복지실천에서의 관심 영역**

빈곤가족, 선천성 장애, 여성의 경력단절

(3) 영아기의 개념

- 2개월부터 만 2세까지의 시기, 인간발달의 여러 영역에서 급속한 성장이 이루어지는 시기
- 신체능력, 언어발달이 활발하게 이루어지며 성격발달의 기초가 되는 정서발달이 이루어져 성인에게서 볼 수 있는 대부분의 정서가 나타나게 됨
- 이후의 사회성 발달에 중요한 영향을 미치는 애착관계를 형성하는 것이 필요, 인지발달을 촉진시키기 위해 여러 감각기관들의 자극이 필요한 시기임

(4) 영아기 신체적 발달

- 제1의 성장급등기(first growth spurt): 출생 후 첫 1년−신체와 뇌의 급속한 성장
- 발달의 두미(頭尾) 원칙에 따라 몸통과 다리의 성장급등 현상이 강하게 나타남
- 초기에는 매우 빠르게 성장하다가 점차 성장속도 둔화, 남아가 여아에 비해 키가 더 크고 몸무게가 더 많이 나가는 것이 특징
- 생후 6개월경 젖니가 아래 앞니부터 나기 시작함
- 골격: 성인의 골격보다 작고 수도 적고 유연. 사춘기까지 뼈가 단단해지는 경화 또는 골화 현상
- 운동발달: 신체성장, 뼈와 근육의 성장, 신경계의 성숙 결과로 획득
- 운동: 대근육운동, 소근육운동
- 소근육을 사용한 협응운동(cooedination) 발달
- 영아의 운동은 개인차가 많음

(5) 영아기의 심리적 발달

- 뇌의 발달: 성인 뇌 무게 1400g 정도. 출생 시 영아의 뇌무게는 성인의 25% 정도
- 감각 및 지각의 발달
  - 시각은 인간의 감각능력 중 가장 늦게 성숙
  - 후각은 출생 초기부터 발달
- 인지 발달
  - 영아기의 인지 발달은 감각기관과 운동기능 통해 이루어짐
  - 언어나 추상적 개념은 포함 안 됨/ 영아는 직접 체험 통해 세상 이해/ 현상 간의 인과관계 이해(예, 울면 우유를 준다)
  - 피아제 인지이론 중 감각운동단계(sensorimotor stage)(감각운동기관 통해 정보 수집)

〈 감각운동 6단계(피아제) 〉

① 반사기: 출생 1개월까지 타고난 반사행동

② 1차 순환반응기: 생후 1~4개월. 영아가 어떤 행동을 하여 흥미로운 결과를 얻었을 때 이를 반복, 점차 대상 특성 발견, 대상의 요구에 따라 반응 수정해 감

③ 2차 순환반응기: 생후 4~8개월. 활동 자체의 흥미에서 벗어나 환경 내의 변화에 흥미를 갖고 활동 반복. 행동 결과 예측 가능하므로 자신의 욕구 충족 위해 의도적 행동 시작

④ 2차 순환반응협응기: 생후 8~12개월. 친숙한 행동이나 수단 사용하여 새로운 결과 얻으려 함. 의도적 목적적 행동

⑤ 3차 순환반응기: 생후 12~18개월. 친숙한 행동으로 목표 도달 전략 수정 사용하며 도식 자체가 크게 변화하고 능동적으로 새로운 수단 발견

⑥ 정신적 표상기(or 내적 통찰기): 18~24개월. 행동하기 전 사고하여 행동결과 예측, 수단과 목적의 관계에 대한 정신적 조작 가능

※ 도식[schema]: 개념과 이들의 상호 관계에 대해 위계적으로 조직된 기술 체계. 도식은 경험을 통해 형성된 전형적 지식의 덩어리로 대상, 일련의 사건, 사회적 상황을 표상하며, 새로운 정보는 도식에 의해 표상되어 있는 기존의 정보와 상호 작용함

- 정서발달: 자극에 직면하여 발생하거나 자극에 수반되는 생리적 변화 또는 눈에 보이는 행동 등의 반응
- 언어발달: 영아기의 언어발달은 인지 및 사회성 발달과 밀접한 관련성 지님

(6) 영아기의 사회적 발달

- 영아기 사회성 발달의 기본 원천: 기질, 모성인물과의 애착관계 형성, 대상영속성의 확립
- Ainsworth(1973)의 애착 형성 4단계

1단계	출생~3개월	빨기, 젖찾기, 파악반사 등 통해 계속 대상에 머물러 있으려 함
2단계	3~6개월	애착 형성의 가장 결정적 시기. 친숙한 몇 사람에게만 선택적 반응. 낯가림 시작
3단계	7개월~걸음마기	영아가 능동적으로 타인과의 신체적 접근 추구. 9개월경-부모와 분리되기 싫어하는 분리불안(separation anxiety) 나타남 24개월 정도-대상영속성(objeCT permanence)형성
4단계	걸음마기 이후	부모의 애착행동 유발하기 위한 다양한 행동 시도

- Ainsworth(1979)의 애착의 유형 4가지

애착유형	특징
안정애착형 (secure attachment)	주위를 탐색하기 위하여 어머니에게서 쉽게 떨어지며, 낯선 사람과도 상호작용을 하고, 어머니와 분리되었을 때에도 위안거리를 찾고 다시 탐색하며, 어머니가 돌아오면 반갑게 맞이하고 편안해짐
회피애착형 (avoidant attachment)	어머니에게 친밀한 반응을 보이지 않으며, 어머니와 분리되어도 울지 않고, 어머니가 돌아와도 무관심하거나 모른 척함
저항애착형 (resistent attachment)	어머니와 분리되기 전부터 불안해하며, 어머니 옆에 붙어서 탐색을 하지 않으려 하고, 어머니와 분리되면 심한 분리불안을 느끼며, 어머니가 돌아와 안아 주어도 분노를 표현하면서 소리를 지르거나 어머니를 밀어내는 행동
혼란애착형 (disorganized attachment)	불안정한 애착 유형의 가장 심한 형태로 회피애착형과 저항애착형이 결합된 형태, 어머니와 재결합하였을 때 냉담한 표정으로 어머니에게 접근하거나 어머니가 안아줘도 다른 곳을 쳐다 봄

※ 분리불안(separation anxiety)

- 영아가 애착 대상과 분리될 때 나타내는 불안반응
- 정상적인 애착유대를 형성한 영아들은 어머니와 분리되면 슬퍼하고 불안해하며 심한 울음반응을 나타냄
- 분리불안은 친숙 정도 및 분리기간과 같은 여러 요인들의 영향 받음

※ **낯가림**(stranger anxiety)

- 영아가 낯선 사람에 대해 불안반응을 나타내는 현상, 대개 생후 5개월에서 15개월 사
  이에 나타남
- 특정인에 대한 애착형성의 표시이며 영아의 탐색행동과 밀접한 관련이 있음

上·中·**下**

01) 태아기의 유전적 요인에 의한 발달장애의 설명으로 옳지 않은 것은?　　(14회 기출)

① 혈우병은 X염색체의 열성 유전자에 기인한다.

② 터너증후군은 X염색체를 하나만 가진 여성에게 나타난다.

③ 클라인펠터증후군은 X염색체를 더 많이 가진 남성에게 나타난다.

④ 다운증후군은 23번 염색체가 하나 더 있어서 염색체 수가 47개이다.

⑤ 페닐케톤뇨증은 아미노산을 분해시키는 효소가 결핍된 열성유전자에 기인한다.

해설

다운증후군은 23번이 아니라 21번 염색체가 하나 더 있어 염색체 수가 47개이다.

〈 정답 ④ 〉

上·**中**·下

02) 다음에서 설명하는 아인스워드(M. Ainswrth)의 애착유형으로 옳은 것은?　(16회 기출)

> 어린이집에 맡겨지게 된 영희는 엄마가 자신을 어린이집에 놓고 떠나려고 하자 떨어지지 않으려고 계속 울었다. 두 시간이 지나고 엄마가 데리러 왔는데도 영희는 안정감을 보이지 못하고 엄마를 원망하듯이 울음을 그치지 못했다.

① 안정 회피애착형　　　② 안정 저항애착형　　　③ 불안정 저항애착형

④ 불안정 회피애착형　　⑤ 불안정 혼란애착형

해설

아인스워드(M. Ainsworth)가 제시한 애착 유형은 안정애착형, 회피애착형, 저항애착형의 세 가지이며, 제자인 메인(Main)이 혼란애착형을 추가하였다. 회피애착형, 저항애착형, 혼란애착형은 모두 불안정애착에 해당한다. 따라서 ①, ②는 잘못된 표현이다. 엄마와의 분리를 불안해하고, 떠났던 엄마가 돌아왔을 때 원망과 분노를 보이는 사례이므로 이 사례는 저항애착형에 해당한다.

〈 정답 ③ 〉

上·中·下

03) 태내기(prenatal period)의 발달에 관한 설명으로 옳지 않은 것은? (18회 기출)

① 환경호르몬, 방사능 등 외부환경과 임신부의 건강상태, 정서상태, 생활습관 등이 태아의 발달에 영향을 미친다.

② 터너(Turner)증후군은 남아가 XXY, XXXY 등의 성염색체를 가져 외모는 남성이지만 사춘기에 여성적인 2차 성징이 나타난다.

③ 양수검사는 임신초기에 할 경우 자연유산의 위험성이 있으므로 임신중기에 실시하는 것이 좋다.

④ 융모막검사는 정확도가 양수검사에 비해 떨어지고 유산의 위험성이나 사지 기형의 가능성이 있어 염색체 이상이나 노산일 경우에 제한적으로 실시하는 것이 좋다.

⑤ 다운증후군은 23쌍의 염색체 중 21번 염색체가 하나 더 존재해서 유발된다.

해설

②는 클라인펠터증후군의 설명이다. 터너증후군은 X 염색체가 하나뿐이라 외견상 여성으로 보이나 2차 성징이 없는 것이 특징이다.

〈 정답 ② 〉

上·中·下

04) 영아기(0-2세)에 관한 설명으로 옳지 않은 것은? (18회 기출)

① 제1성장 급등기라고 할 정도로 일생 중 신체적으로 급격한 성장이 일어난다.

② 프로이트(S. Freud)의 구강기, 피아제(J. Piaget)의 감각운동기에 해당된다.

③ 생존반사로는 연하반사(삼키기반사), 빨기반사, 바빈스키반사, 모로반사 등이 있다.

④ 대상이 눈에 보이지 않아도 존재한다는 사실을 인식할 수 있는 대상영속성이 습득된다.

⑤ 양육자와의 애착관계형성은 사회·정서적 발달에 매우 중요하다.

해설

연하반사, 빨기반사는 생존반사이나 바빈스키반사와 모로반사는 원시반사로 구분한다.

〈 정답 ③ 〉

태내기와 영아기

다음 문장에서 틀린 것을 모두 고르시오.

◆ **태내기(태아기)**

① 융모 생체 표본검사는 임신 9~11주에 가능하며 염색체 이상이 의심되거나 35세 이상 임산부에게만 제한적으로 실시되는 태아 진단검사이다.

② 일반적으로 16~20주가 되면 임신부가 태동을 느낄 수 있다.

③ 혈우병은 남성에게 발병하며 X염색체의 열성 유전자에 기인한다.

④ 다운 증후군은 21번 염색체의 이상으로 나타난다.

⑤ 터너 증후군, 클라인펠터 증후군은 염색체 이상으로 나타난다.

⑥ 임신 2~3개월이 되면 배아는 인간의 모습을 갖추기 시작한다.

⑦ 유전성 질환은 유전적 요인과 환경적 요인의 상호작용에 의해 발생할 수 있다.

⑧ 일반적으로 임신 3개월 혹은 13주가 되면 조산아의 생존이 가능하다.

⑨ 터너 증후군은 47개의 염색체를 가지므로 남성에게 여성적인 성징이 나타난다.

⑩ 페닐케톤요증은 지방의 분해효소가 결여되어 발생한다.

⑪ 터너 증후군은 남성의 정소 발달이 불완전하여 생식이 불가능한 증상이다.

⑫ 유전성 질환을 가진 태아는 임신 초기에 유산된다.

⑬ 임신 중 철분 섭취는 태아기의 기형 혹은 저체중을 발생시킨다.

⑭ 태내발달은 어머니의 영양상태, 학력, 질병 등으로부터 영향을 받는다.

◆ **영아기**

① 영아기에는 애착관계를 형성한다.

② 영아기는 자아개념 및 성격발달의 기초를 형성하는 시기이다.

③ 장난감을 빼앗아 숨겨도 그것을 찾으려고 하지 않는다며 대상영속성의 개념을 획득하지 못한 것이다.

④ 영아기에는 기쁨, 분노, 슬픔 등의 기초적인 정서를 느낄 수 있다.

⑤ 영아기에는 울음, 옹알이 등의 언어적 표현을 한다.

⑥ 영아기에는 상징놀이가 가능하다.

⑦ 영아기는 프로이트의 구강기, 에릭슨의 유아기, 피아제의 전조작기에 해당한다.

⑧ 영아기에는 성적 호기심을 보인다.

⑨ 영아는 움직이는 것보다 정지된 것을 선호하여 지각한다.

⑩ 영아기에는 물활론적 사고를 하며 성 정체성을 확립한다.

⑪ 영아기(0~2세)에는 서열화 사고의 특징을 나타낸다.

〈 정답 〉

• 태내기(태아기) – ⑧⑨⑩⑪⑫⑬⑭
• 영아기 – ⑥⑦⑧⑨⑩⑪

제9장 유아기와 아동기

1. 유아기의 개념 및 발달

(1) 걸음마기의 개념
3~7세에 해당, 3~5세를 걸음마기, 5~7세를 학령전기로 나누기도 함
- 걸음마기(toddlerhood): 3~5세, 걸음걸이가 아직 완전히 안정되지 못한 특성이 있음
- 걸음마기 발달 특성: 3다(三多) 시기(다변, 다동, 다항, 多辯, 多動, 多抗)

(2) 걸음마기의 발달
○ **신체적 발달**
- 제1 성장급등기인 영아기처럼 급속하지는 않으나 꾸준한 성장기
- 머리에 집중되어 있던 신체적 성장이 신체 하부로 확산되어 감
- 만 2세부터 신체성장 둔화
- 신체발달 위해 충분한 영양공급, 규칙적인 생활습관, 사고와 질병으로부터의 보호 필수
- 유아는 질병이나 영양 상태에 의해 성장에 손상을 입을 수 있으나 건강 상태가 회복되고 적절한 영양 공급으로 따라잡기 성장(catch-up growth) 가능
- 운동능력 정교화(뒤로 달리기, 기어오르기, 혼자 옷 입기 등)
- 걸음마기 유아의 운동 발달 속도와 질적 특성: 신체적 성숙, 동기, 학습 및 연습 기회, 성인의 지도방법, 장난감에 의해 결정
- 전체운동과 부분 운동을 함

○ **심리적 발달**
- 인지 발달

인지발달 특성	발달 내용
지각 발달	부분적 형태 특성에만 관심, 상하보다 좌우 전도지각 능력 결핍으로 형태판별 오류가 있음
형태항등성 (shape constancy)	– 바라보는 위치가 바뀌어도 형태는 그대로 유지되어 보이는 것 – 4세경에는 형태항등성 지각능력이 성인과 유사한 수준으로 발달

인지발달 특성	발달 내용
크기항등성 (size constancy)	– 거리에 따라 크기가 변하지 않음 – 영아기부터 발달 시작하여 8세경에 완전해짐
전개념적 사고 (preconceptual period)	– 영아기에 발달한 도식이 내적 표상(representatin)으로 전환되는 시기 – 사물을 상징적으로 조작 가능하나 성숙한 개념 활용 못함 – 특징: 상징적 사고, 자기중심적 사고, 물환론적 사고, 인공론적 사고, 전도추리
상징직 사고	– 더 이상 자신의 행동이나 감각에 의존하지 않고 정신적 표상을 만들어 내는 추상능력 – 모방, 싱징놀이, 언어기술 획득 가능해짐
자기중심적 사고	우주의 모든 현상을 자기중심적으로 생각하는 사고. 다른 사람의 관점 고려하지 못함
물활론적 사고	생명이 없는 대상에게 생명과 감정을 부여하는 사고
인공론적 사고	– 자기중심성의 특별한 형태 – 세상의 모든 사물이나 자연현상이 사람의 필요에 의해서 자신의 목적에 맞게 쓰려고 만들어진 것이라 믿음
전도추리	한 가지 특정 사건으로부터 다른 특정 사건을 추론하는 사고

• 자기통제 및 자율성의 발달

자기통제 및 자율성의 발달 특성	발달 내용
자기통제 (self contrlo)의 개념	– 외부의 요구에 자신을 일치시키는 능력, 상황에 따라 행동을 수정하는 능력, 행동을 연기하는 능력, 타인의 지시를 받지 않고 사회적으로 바람직한 행동을 하는 능력
대소변 훈련 (toilet training)	– 걸음마기 유아의 자기통제능력 획득 도구 – 개인의 자율성과 사회적 요구의 갈등이 최초로 일어나는 장(場) – 갈등의 성공적 해결이 자기통제능력 발달에 기여
분노통제	– 부모로부터의 행동제한, 또래나 형제와의 경쟁에서 무능력 지각 등으로 분노 표출하는 경우가 많아짐 – 유아는 부모의 언어적 설명이나 벌에 의해 분노를 통제하는 방법을 학습, 부모가 분노를 통제하는 행동 모방하여 분노통제능력 발달시킴
반항적 행동	– 부모와 자신이 분리된 별개의 존재라는 사실 인식 시작 – 요구사항이 많아지고, 자기방식대로 하려고 함. 부모로부터의 행동제한, 또래나 형제와의 경쟁에서 무능력 지각으로 분노표출–반항적 행동으로 보여짐
제1의 반항기	자기주장적이고 반항적인 행동이 절정에 이르는 3-4세 경
자율성 (autonomy)	– 자기주장적이고 반항적 행동을 통해 자율성의 심리적 기제 발달 – 부모가 유아의 자발적 시도 자체를 차단하거나 혼자서 한 활동이 실패로 돌아가는 경우–수치심 발달 – 자신의 능력에 대해 신뢰하지 못하는 자기의심 성향 강화되어 새로운 활동 회피 및 친숙한 활동만 수행

• 사회적 발달: 자아중심성과 왕성한 활동성으로 부모나 또래와의 갈등 초래 경향 있으며 부모가 유아의 사회적 기준을 가르치기 시작(훈육), 연합놀이 협동놀이 증가로 사회성 발달

(3) 사회복지실천에서의 관심 영역
- 신체적 발달의 관심 영역 – 영양결핍, 안전사고, 주의력결핍/과잉행동 장애(ADHD)와 공격성
- 심리적 발달의 관심 영역 – 발달장애: 자폐성 장애(autism), 눌어증(stammering), 야뇨증(enuresis nocturma) 등
- 사회복지사 개입 – 자녀훈육 /가족상담
- 사회적 발달의 관심 영역 – 걸음마기 유아의 사회성 발달에 있어서 부모의 훈육방식은 매우 중요

(4) 학령전기의 발달(5~7세)
○ **신체적 발달: 성장속도는 다소 느리지만 지속적 성장**
- 골격: 연골 경화되어가는 골화 현상 진행(2세~청소년기까지)
- 성장판: 뼈의 양쪽 끝부분, 골단에 성장 촉진하는 연골. 성장 완성되면서 골단 가늘어지고 성장판 줄어들면 성장 멈춤
- 출생시 여아의 골격 성숙이 남아보다 4주 정도 빠름. 5~6세경엔 1년 정도 차이가 남
- 신체의 각 부분을 효율적으로 움직일 수 있고 균형을 유지할 수 있는 능력, 신체적 안정성 발달, 걷기, 뛰기 등을 통하여 이동능력 발달
- 여러 가지 사물을 접하면서 각각의 특성에 따라 다양한 조절방법을 배우게 됨으로써 조작적 능력이 발달하게 되는 것이 특징
- 학령전기에는 모든 근육의 기능이 높은 수준까지 발달하기 때문에 다양한 운동 가능
- 장난감보다는 자신의 몸을 이용한 운동 선호(달리기, 줄넘기, 축구, 자전거, 수영 등)
- 간단한 원이나 삼각형 그림에서 사물, 얼굴이나 집 그리기, 작은 공 던지고 받기 가능

○ **심리적 발달**
- 인지 발달
  - 4~7세, 전조작적 사고 단계 중에서 직관적 사고 단계(intuitive period)

※직관적 사고: 어떤 사물을 볼 때 그 사물의 두드러진 특성을 바탕으로 판단하는 사고

- 인지발달 특성

인지발달 특성	발달 내용
불완전한 분류능력	수와 종류는 알지만 상위 개념과 하위 개념을 완전히 구분하지 못함
전도추리 (transductive reasoning)	걸음마기에 이어 사물이나 사건의 개별 특성만을 고려하여 추리하는 전도추리 사고 유형이 지속적으로 나타남
중심화 경향 (centration)	전체 상황 중에서 하나의 차원이나 측면에만 주의를 기울이고 다른 차원은 무시하는 경향
불가역성 (irreversibility)	일련의 논리나 사건을 원래 상태로 되돌리지 못한다고 생각함
자아중심적 사고 (egocetrism)	타인의 관점과 역할을 고려하지 않은 채 자신의 입장에서 세계를 지각하는 자아중심적 사고가 나타나며, 여전히 자기중심적 언어를 많이 사용함

• 도덕성 발달
  - Piaget(1965)의 도덕성 발달 단계

인지발달 특성	발달 내용
전도덕성 단계	- 5세 이전 걸음마기까지 - 인지 발달이 충분히 이루어지지 않아 도덕적 판단을 할 수 없다고 보고 이를 전도덕성 단계로 구분
타율적 도덕성 단계	- 학령전기인 5~7세 - 규칙을 어떤 권위자에 의해 주어진 고정불변의 것으로 반드시 지켜야 하는 것으로 간주 - 행동의 옳고 그름을 자신이 입게 되는 손해의 양이나 처벌 여부에 따라 판단함
자율적 도덕성 단계	- 7세 이후 - 사회적 규칙이나 질서가 다른 사람과의 협의 하에 결정되는 것을 이해하고 행동의 결과보다는 의도를 파악하여 옳고 그름을 판단

  - Kohlberg(1976, 1981)의 도덕성 발달 단계: 콜버그는 도덕적 갈등 상황에 대한 판단양식에 따라 도덕성발달단계를 3수준 6단계로 구분

수준 및 단계		도덕적 발달 특성
전인습적 도덕기	개인적 보상을 얻고 처벌을 피하기 위해 권위자가 부여한 규칙에 복종	
	1단계	벌과 복종 지향의 도덕성: 보상과 처벌의 기준에 따라 행동을 판단
	2단계	자기 이익 지향의 도덕성: 자신이나 사랑하는 사람에게 이익이 되는 정도에 따라 행동을 판단
인습적 도덕기	사회규칙을 유지하거나 다른 사람의 인정을 받기 위해 사회규범이나 사회규칙에 복종	
	3단계	착한 아이 지향의 도덕성: 권위적 인물의 기대를 충족하고 인정받는 정도에 따라 행동 판단
	4단계	법과 질서 지향의 도덕성: 사회의 법률이나 규칙을 지지하는 정도에 따라 행동 판단

수준 및 단계		도덕적 발달 특성
후인습적 도덕기		폭넓은 정의의 원칙에 따라 도덕적 판단을 하는데, 이때 정의는 법이나 권위자의 명령과 갈등을 일으킬 수 있음
	5단계	사회계약 지향의 도덕성: 개인의 권리를 존중하고 사회계약을 유지하는 정도에 따라 행동 판단
	6단계	보편적 원리 지향의 도덕성: 시대와 문화를 초월한 보편적 원리에 근거하여 행동 판단

- 행동주의이론: 환경적 보상과 처벌에 대한 반응의 결과로서 도덕성이 발달
- 사회학습이론가: 모델행동의 관찰을 통해 도덕적 행동을 학습하게 됨
- 정신분석이론: 4~6세경에 오이디푸스 또는 엘렉트라 콤플렉스(Oedipus or Electra complex) 해결 과정에서 동성의 부모를 동일시하면서 도덕성이 발달

• 정서 발달 – 사랑, 분노, 공포, 좌절감 등의 여러 가지 감정을 다루고 적절한 방식으로 표현 충동, 사회적요구간 균형유지 방법을 터득

○ **사회적 발달**
• 사회적 관점 수용능력
   - 타인의 관점을 수용할 수 있는 능력의 발달과 직결되어 있음
   - 사회적 관점 수용능력에 따라 사회적 발달 정도가 결정됨
• 성역할 학습
   - 성과 관련된 사회관계의 성향에 관심
   - 성에 따라 각기 다르게 기대되는 행동을 이해하고 자신의 성에 걸맞은 행동을 하고자 함으로써 성역할 인식 시작
• 우정의 발달
   - 걸음마기의 자아중심적 상징놀이보다 집단놀이에 흥미

○ **사회화**(socialization)
자신이 속한 사회집단에 적합하다고 생각하는 행동양식을 습득하는 과정

(5) 사회복지실천에서의 관심 영역
• 신체적 발달의 관심 영역– 예방접종, 질병의 조기 치료, 안전사고

- 심리적 발달의 관심 영역- 학령전기는 인지교육이 실시되는 첫 단계. 유치원이나 보육시설에서 적절한 인지교육 필요
- 사회적 발달의 관심 영역
  - 유아의 타인에 대한 감정이입적 이해와 성역할 기준의 융통성 부여 위해 적절한 놀이지도와 부모상담 필요/ 성에 대한 편견 억제

2. 아동기-(초등학교 입학부터 졸업시기(7~13세)
꾸준한 신체적 성장이 이루어지나 속도는 둔화됨

(1) 특성
- Freud(잠복기): 특별한 발달적 사건 없음, 동성 중심의 또래관계
- Erikson: 자율성 유능함(능력) 발달 시기, 근면성 대 열등감의 심리사회적 위기를 극복하면 유능함(능력)의 자아특질이 강화
- Piaget: 이전과 다른 새로운 인지 발달이 이루어지는 중요한 시기, 탈중심화, 사회적 관점 수용(역할 수용) 보존, 서열화, 유목화(분류) 능력 획득, 논리적 사고,자율적 도덕성, 인습적 도덕성(콜버그)

(2) 아동기의 발달
- 신체적 성장
  - 비교적 완만한 단계, 전체적인 신체의 체계가 안정되는 시기
- 아동기 후반
  - 신장과 체중 급격히 증가
  - 11~12세 경 여아가 남아보다 신체적 성장이 우세
  - 신체적 급성장기인 사춘기가 남아보다 여아에게 2년 정도 먼저 시작되는데 기인, 성장통, 성적 중성기
- 운동 발달-단체놀이에 강한 관심 보임. 남아의 운동능력이 좀 더 발달

(3) 심리적 발달
- 지각 발달 - 공간지각/시간지각

- 언어 발달 – 의사소통능력이 급격히 발달, 사회언어학적 이해능력도 발달
- 인지 발달 – 구체적 조작 사고 단계. 보존기술, 분류기술, 조합기술 등 개념적 기술 발달함

> ※ 보존기술(conservation skill): 형태가 바뀌어도 양, 부피와 같은 물리적 부분은 변화
> 하지 않고 그대로 유지
> ※ 분류기술(classification skill): 대상이 공통적으로 지니고 있는 차원에 따라서 물
> 체 분류 통합하는 능력과 위계적 방식으로 하위 집단으로 나열하여 분류할 수 있
> 는 능력
> ※ 조합기술(combination skill): 수(數)를 조작하는 능력. 조합기술의 획득으로 초등학
> 생은 사칙연산 가능

- 현상간의 인과관계 추론 가능, 읽기, 쓰기, 셈하기 학습 가능

(4) 지능과 창의성 발달
- 지능(intelligence): 각 개인이 유목적적으로 행동, 합리적으로 사고, 능률적으로 환경에
  대처, 총체적 능력(언어능력, 논리적–수학적 능력, 음악적 능력, 공간능력, 대인관계능력,
  문제해결능력, 환경에 대한 적응능력 등) 지능지수(intelligence quotient: IQ)
- 창의성(creativity): 당면한 문제에 대한 대안적 해결책 생각, 친숙한 물체를 다르게 사용할
  수 있는 방안 모색, 색다른 개념을 만들어 내는 능력. 지능과는 상관관계가 높지 않고 확산
  적 사고에서 비롯됨

(5) 정서 발달
- 정서적 통제와 분화된 정서 표현 가능, 정서 표현 규칙에 대한 이해 증가(진짜 감정 숨기는
  일 능숙, 긍정적, 부정적 정서를 동시에 경험. 동일한 상황에서도 사람에 따라 다를 수 있
  음을 이해)

(6) 자기개념의 발달
- 자기개념(self-concept): 신체적 특성, 개인적 기술, 가치관, 희망, 지위와 역할 등 개인이
  자신의 것으로 동일시하는 개인적 특성에 대한 지각이나 느낌. 자기에 대한 인지적 측면
- 자기존중감(self-esteem): 자신에 대한 정서적 측면. 자기 자신에 대해 갖고 있는 개인적

가치감이나 긍정적 평가로서, 자기개념을 구성하는 하위 요인
- 자기효능감(self-efficacy): 자신이 스스로 상황을 극복, 자신에게 주어진 과제를 성공적으로 수행할 수 있다는 신념, 기대를 의미
- 자기통제(self-control): 목표를 달성하기 위해 순간의 충동적 욕구나 행동을 억제할 수 있는 능력을 의미. 유혹에 저항하는 능력, 만족을 지연하는 능력, 충동을 억제하는 능력 등

(7) 사회적 발달
- 학교와 사회적 발달 – 학교는 아동의 인지 발달에 인지발달뿐 아니라 사회활동의 장으로서 사회적 발달에 많은 영향 미침
- 또래집단과 사회적 발달 – 또래친구와의 우정 발달
- 단체놀이와 사회적 발달 – 집단놀이(group play)보다 단체놀이(team play) 선호
- 대중매체와 사회적 발달 – 아동은 TV와 인터넷, 스마트폰 등 다양한 매체 통해 정보 수집하고 활용

(8) 사회복지실천에서의 관심 영역
- 신체적 발달 관심 영역 – 결식아동, 비만아동, 장애아동, 아동학대 등에 관심
- 심리적 발달의 관심 영역 – 감각기관과 언어의 정상적 발달, 학습장애(learning disability) 정서·사회성 발달, 정서발달지수(EQ), 사회성 지수, 발달도 인지발달 못지않게 중요
- 사회적 발달의 관심 영역
  - 집단따돌림, 학교폭력, 품행장애(conduct disorder), 사회적 보호가 필요한 아동의 지역사회 및 시설보호서비스 제공 필요

上·中·下

01) 2~3세 유아의 특징으로 옳지 않은 것은? (16회 기출)

① 숟가락질을 할 수 있다.

② 혼자 넘어지지 않고 잘 걸으며 뛸 수 있게 된다.

③ 프로이트(S. Freud) 이론의 항문기에 해당되고 배변훈련이 시작된다.

④ 양육자의 애착관계가 시작되고 분리 불안이 늘어난다.

⑤ 언어활동이 급격히 증가하고 낱말을 이어 문장으로 말하기 시작한다.

해설

양육자와의 애착관계 형성은 영아기(0~2세)의 발달 특징이다.

〈 정답 ④ 〉

上·中·下

02) 유아기(3~6세)의 발달에 관한 설명으로 옳은 것은? (18회 기출)

① 프로이트(S. Freud)의 오이디푸스 콤플렉스와 엘렉트라 콤플렉스가 일어나는 시기이다.

② 콜버그(L. Kohlberg)의 후인습적 단계의 도덕적 사고가 나타나는 시기이다.

③ 피아제(J. Piaget)의 자율적 도덕성의 단계이다.

④ 심리사회적 유예가 일어나는 시기이다.

⑤ 보존기술, 분류기술 등 기본적 논리체계가 획득된다.

해설

② 유아기는 콜버그(L. Kohlberg)의 전인습적 단계의 도덕적 사고가 나타나는 시기이다.

③ 피아제(J. Piaget)의 자율적 도덕성이 아닌 타율적 도덕성의 단계이다.

④ 심리사회적 유예가 일어나는 시기는 청소년기이다.

⑤ 보존기술, 분류기술 등 기본적 논리체계가 획득되는 시기는 아동기이다.

〈 정답 ① 〉

上 · 中 · 下

03) 아동기(7~12세)의 발달에 관한 설명으로 옳은 것을 모두 고른 것은? (18회 기출)

ㄱ. 에릭슨(E. Erikson)의 심리사회적 위기 중 솔선성 대 죄의식(initiative vs guilt) 이 해당된다.

ㄴ. 조합기술을 획득하기 위해서는 가역성, 보상성, 동일성의 원리에 대한 이해가 필요하다.

ㄷ. 단체놀이를 통해 개인의 목표가 단체의 목표에 속함을 인식하고 노동배분(역할 분담)의 개념을 학습한다.

ㄹ. 추상적 사고가 가능해져서 미래의 사건을 예측할 수 있는 가설적, 연역적 사고가 발달한다.

① ㄱ   ② ㄷ   ③ ㄱ, ㄷ   ④ ㄴ, ㄷ   ⑤ ㄴ, ㄹ

해설

ㄱ. 아동기(7~12세)는 에릭슨(E. Erikson)의 심리사회적 위기 중 근면성 대 열등감에 해당된다.

ㄴ. 가역성, 보상성, 동일성의 원리에 대한 이해는 보존개념을 획득하기 위해서다.

ㄹ. 추상적 사고가 가능해져서 미래의 사건을 예측할 수 있는 가설적, 연역적 사고가 발달하는 시기는 청소년기이다.

〈 정답 ② 〉

유아기와 아동기
다음 문장에서 틀린 것을 모두 고르시오.

◆ 유아기

① 유아기는 피아제의 자기중심적 사고가 활발한 시기이다.

② 유아기는 언어와 지능이 발달하는 결정적 시기이다.

③ 유아기는 성적 관심을 나타내며 정서 분화가 두드러지게 나타난다.

④ 유아기에는 타인의 감정을 수용할 수 있는 사회적 관점이 발달하기 시작한다.

⑤ 콜버그에 의하면 유아기는 도덕성 발달 수준이 전인습적 수준에 머물러 있다.

⑥ 유아기에는 자아개념과 자아존중감을 형성한다.

⑦ 2~3세 유아는 낱말을 이어 문장으로 말하기 시작하며, 배변훈련을 시작하는 프로이트의 항문기에 해당한다.

⑧ 유아기는 영아기(0~2세)에 비해 성장속도가 완만해진다.

⑨ 유아기는 정서적 표현이 시작되는 시기이다.

⑩ 에릭슨에 의하면 정체감 확립이 유아기의 가장 중요한 발달과업이다.

◆ 아동기

① 아동기는 자기중심성이 완화되고 역할수용이 가능한 시기이다.

② 아동기에는 사물의 분류와 보존의 개념을 획득한다.

③ 아동기는 논리적 사고를 하게 되고 물활론적 사고가 감소하는 시기이다.

④ 아동기에는 단체놀이를 통하여 노동 배분의 개념을 익힌다.

⑤ 아동기에는 정서적 통제와 분화된 정서표현이 가능해진다.

⑥ 아동기는 에릭슨(E. Erikson)의 자율성 대 수치심의 단계에 해당하는 시기이다.

⑦ 아동기는 프로이트 (S. Freud)의 남근기에 해당하는 시기이다.

⑧ 아동기에는 부모의 기대와 문화적 기준에 맞는 성 역할 기준을 내면화한다.

⑨ 아동기는 신체적 성장과 발달이 급격하게 진행되어 골격이 완성되는 시기이다.

⑩ 아동기는 성 역할 정체감이 완성되는 시기이다.

〈 정답 〉 • 유아기 – ⑧⑨⑩, • 아동기 – ⑥⑦⑧⑨⑩

제10장 청소년기와 청년기

1. 청소년기(adolescence)의 개념

아동기에서 성인기로 전환하는 과도기, 우리나라의 경우 19세 미만을 미성년자로 규정

- 아동복지법: 만18세 미만
- 청소년보호법: 19세 미만의 자
- 청소년기본법: 9세 이상 24세 이하
- ✱ 에릭슨의 청소년기: 자아정체성 확립 대 역할 혼란의 심리사회적 위기를 극복하면 성실(충성)이라는 자아특질 강화
- ✱ 피아제의 형식적 조작기: 추상적, 조합적, 가설 연역적 사고, 미래 예측

2. 청소년기의 발달

(1) 신체적 발달

- 신체적 성장 – 제2의 성장급등
- 성적 성숙

- ✱ 뇌하수체: 신장과 체중의 변화를 조절하는 성장호르몬의 분비. 생식선으로부터 성호르몬의 생성과 유출 자극하는 기능을 함
- ✱ 생식선: 성호르몬 분비
  - 여성: 난소에서 에스트로겐(estrogen) 분비. 유방의 발달, 음모 성장, 자궁이 임신을 준비하게 하고 임신상태 유지
  - 남성: 부신과 고환에서 테스토스테론(testosterone) 분비. 신장 성장, 남성 2차 성징 발달, 정자 생산 및 성적 요구 증가 유발

- 운동 발달 – 근육조직과 근력 증가, 운동발달은 성격발달과 밀접한 관련성이 있음

(2) 심리적 발달

○ 정서 발달

• 질풍노도의 시기, 성적 색채가 강한 정서 경험(2차 성징 발달과 성적 충동)

• 이성에 대한 호기심 거부 또는 허세적 반항 행동

• 불안, 고독, 열등감, 실존적 공허감 등 부정적 감정 경험 빈도가 높음

• 능력 부족, 신체 이미지, 장래 확신 부족 등이 불안 요인, 자아의식의 발달

• 부정적 정서에 대한 지나친 억압: 급식 및 섭식장애, 비행 행동 등

○ 인지발달

• 형식적 조작 사고(formal operational thought)로의 전환: 추상적 사고, 가설적 연역적 사고, 조합적 사고, 이상적 사고

• 자아중심적 사고

　예) 상상적 청중(imaginary audience)과 개인적 우화(personal fable)

○ 자아정체감의 발달– 자아정체감(ego identity) 형성

• Marcia(1980)의 자아정체감 유형 분류

　– 정체감 성취(identity achievement): 성공적인 위기 극복, 이념체계 확립

　– 정체감 혼란(identity diffusion): 정체감 확립에 대한 노력도 없고, 아무런 의문도 제기하지 않으며, 자신의 능력에 대해 부정적, 무관심한 상태를 의미

　– 정체감 유예(identity moratorium): 정체감 성취와 혼란의 가능성 모두 내포하고 있는 상태로 정체감 위기상태에서 다양한 역할을 실험할 수 있는 상태를 의미

　– 정체감 유실(identity foreclosure): 부모나 사회의 가치관을 그대로 답습하므로 위기를 경험하지 않고 쉽게 결정을 내리지만 독립적인 의사결정을 못하는 상태를 의미

　– 정체감 유형(기준: 위기와 전념): 정체감 성취(위기○, 전념○), 정체감 유예(위기○, 전념×), 정체감 유실(위기 ×, 전념 ○),정체감 혼란(위기×, 전념×)

○ 사회적 발달

• 가족관계 – 부모로부터의 독립, 독립과 자율성, 부모의 지지와 승인, 심리적 이유(離乳)기, 제2의 반항기

• 친구관계 – 가족과의 대화보다 친구 만나거나 전화통화 스마트폰, 인터넷 SNS 등 선호, 동

성친구와 이성친구, 이성교제
- 컴퓨터, SNS와 가상공간
- 사회복지실천에서의 관심 영역
  - 신체적 발달의 관심 영역 – 부정적 신체 이미지, 몸짱, 얼짱되기 위해 심한 식이요법, 거식증 등
  - 심리적 발달의 관심 영역 – 학업, 진로 등, 청소년기 주요 발달과업(자아정체감 형성), 청소년기 정신장애 등
  - 사회적 발달의 관심 영역: 청소년 비행, 청소년 교정기관, 학교사회복지, 청소년 쉼터, 대안교육 프로그램, 가족관계 강화프로그램, 중독예방을 위한 연계 지원 등

3. 청년기의 발달(민법상 19세 이후부터)

(1) 신체적 발달
인간의 신체적 성장과 성숙이 거의 완성된 최상의 신체 상태 유지 시기

(2) 심리적 발달
○ 감각 및 인지 발달 – 가장 예민하고, 전 생애에 걸쳐 감각기능이 가장 좋은 시기

○ 자율성 발달
- 청년기의 진정한 독립: 부모와 분리되는 것에 대한 불안의 극복, 경제적 능력, 자율적 의사결정능력의 보유 등과 같은 신체심리사회적 영역 모두에서 분리가 가능할 때 이루어짐
- 양가감정(ambivalence): 독립갈망 / 분리불안
- 자녀 독립을 위한 부모의 지원
- 자녀의 독립을 위한 부모의 지원이 잘 이루어지지 않을 경우 마마보이, 파파걸, 적대적 관계 등의 갈등 야기 가능

○ 애정 발달 – 동반자 구하는 시기
- Sterberg(1988): 사랑의 세 가지 요소: 친밀감(intimacy), 열정(passion), 전념 또는 헌신

> * 친밀감: 사랑의 정서적 요인, 상호 이해, 격의 없는 친밀한 대화, 정서적 지원 등
>
> * 열정: 사랑의 동기유발 요인, 신체적 매력, 성적 욕망 등
>
> * 전념 또는 헌신: 사랑의 인지적 요소, 애정적 관계를 유지하기 위한 약속과 책임감

(3) 사회적 발달

- 성역할 정체감 확립 – 남성과 여성에게 성역할 강조에 따른 갈등과 긴장 경험
- 직업 선택과 준비 – 청년기의 중요한 발달과업

(4) 청년기의 발달과제

○ 레빈슨의 발달과제

- 아직 현실에 기반을 두지 못하고 다소 과장된 목표로 구성되어 있는 희망을 명확하게 정의
- 청년의 목표를 인정, 기술이나 지혜를 가르쳐주며, 청년이 자신의 경력에서 전진하도록 영향력을 발휘하는 지도자를 발견하는 것
- 직업을 선택하고 나아가서 경력을 쌓고 발전시키는 것
- 친밀한 관계를 형성하는 것

○ 에릭슨의 발달과업

- 에릭슨의 발달단계 중 성인 초기(20~24세)에 해당하며, 친밀감(intimacy) 형성이 주요 과제
- 가족 외의 다른 사람들과 친밀한 관계를 형성하는 것은 자신의 정체성을 잃을지도 모른다는 두려움 없이 타인과 개방적이고 지지적이며 조화로운 관계를 형성하는 능력
- 친밀감 형성을 위해서는 감정이입능력, 자기통제능력, 타인의 장단점을 수용하는 능력을 갖추어야 함
- 청소년기에 긍정적인 자아정체감을 확립한 사람은 좀 더 쉽게 타인과의 친밀한 관계를 형성하지만, 그렇지 못한 사람은 자신감을 갖지 못하므로 타인과의 사회적 관계에서 고립감을 느끼게 되어 자기 자신에게만 몰두하게 됨

○ 하비거스트의 발달과업

- 배우자를 선택하고, 가정 꾸밈
- 배우자와 함께 생활하는 방법 학습

- 자녀를 양육하고 가정 관리
- 직업생활 시작
- 시민의 의무 완수
- 마음이 맞는 사람들과 사회적 집단 형성

(5) 사회복지실천에서의 관심 영역

- 신체적 발달의 관심 영역
- 심리적 발달의 관심 영역: 이성관, 결혼관 정립 위한 예비부부교실, 결혼예비학교 프로그램 운영 등
- 사회적 발달의 관심 영역: 직업상담, 취업알선, 직업훈련 등

上·中·下

01) 청년기(20~34세)에 관한 설명으로 옳지 않은 것은? (14회 기출)

① 신체적 기능이 최고조에 달하는 시기이다.

② 주요 발달과업은 진로 및 직업선택, 혼인준비 등이다.

③ 발달과업에서 신체적 요소보다는 사회문화적 요소를 중요시한다.

④ 아동기 이후 인생의 과도기로서 신체적·성적 성숙이 빠르게 진행된다.

⑤ 에릭슨(E. Erikson)의 발달단계에서 친밀감 대 고립감에 해당하는 시기이다.

해설

④에서 설명하는 시기는 청년기가 아니라 청소년기이다.

〈 정답 ④ 〉

02) 다음에서 공통으로 설명하는 요소로 옳은 것은? (16회 기출)

• 에릭슨(E. Erikson)의 심리사회 발달단계에서 성인 초기의 주요 발달과업이다.

• 스턴버그(R. Sternberg)의 애정발달이론에서 사랑의 세 가지 구성요소 중 하나이다.

---

① 친밀감　　　　　　② 열정　　　　　　③ 헌신
④ 만족　　　　　　　⑤ 정체감

해설

성인 초기는 청년기에 해당하는 시기이며, 에릭슨은 이 시기 주요 발달과업을 '친밀감 대 고립'의 심리사회적 위기를 잘 극복하는 것이라고 제시하였다. 참고로 스턴버그(R. Sternberg)가 사랑의 3대 구성요소로 제시한 것은 친밀감, 열정, 헌신(혹은 전념)이다.

〈 정답 ① 〉

上·中·下

03) 청소년기(13~19세)에 관한 설명으로 옳지 않은 것은? (18회 기출)

① 신체적 성장이 급속히 이루어진다는 점에서 제2의 성장급등기라고 한다.

② 어린이도 성인도 아니라는 점에서 주변인이라고 불린다.

③ 상상적 청중과 개인적 우화는 청소년기에 타인을 배려하는 사고가 반영된 예이다.

④ 피아제(J. Piaget)의 인지발달과정 중 형식적 조작기에 해당된다.

⑤ 정서적 변화가 급격히 일어난다는 점에서 질풍노도의 시기라고 한다.

해설

상상적 청중과 개인적 우화는 청소년기에 자아중심성 사고를 반영하는 개념으로서 인지발달단계이다.

〈 정답 ③ 〉

上·中·下

04) 마샤(J. Marcia)의 자아정체감 유형에 속하지 않는 것은? (18회 기출)

① 정체감 수행(identity performance) ② 정체감 혼란(identity diffusion)

③ 정체감 성취(identity achievement) ④ 정체감 유예(identity moratorium)

⑤ 정체감 유실(identity foreclosure)

해설

마샤(J. Marcia)의 자아정체감 유형분류

① 정체감 성취: 자아정체감의 위기를 성공적으로 극복, 이념체계 확립으로 스스로 의사결정 내림

② 정체감 유예: 현재 정체감 위기의 상태에 있으면서 자아정체감 형성을 위해 다양한 역할, 신념, 행동 등을 실험하고 있으나 의사결정을 못한 상태

③ 정체감 유실: 부모나 사회의 가치관을 그대로 답습하므로, 위기도 경험하지 않고 쉽게 의사결정을 내리지만 독립적인 의사결정을 하지 못하는 상태

④ 정체감 혼란: 정체감을 확립하기 위한 노력도 없고, 아무런 의문도 제기하지 않으며 자신의 능력에 대해 부정적 무관심한 상태

〈 정답 ① 〉

청소년기와 청년기
다음 문장에서 틀린 것을 모두 고르시오.

◆ 청소년기

① 청소년기는 자아정체감을 형성하고 발달시키는 과정에서 정서적 동요를 경험하는 시기이다.

② 조숙한 남성의 경우 이성 관계에서 긍정적 자아개념을 가지게 된다.

③ 초경 이후 약 1년간은 배란이 되지 않아 임신이 가능하지 않을 수 있다.

④ 청소년기는 불안, 우울, 질투 등 부정적인 감정을 많이 경험하는 시기이다.

⑤ 청소년기에는 또래에게 인정받고자 하는 욕구가 강하다.

⑥ 청소년기는 이성적 자아와 현실적 자아의 괴리로 인해 갈등과 고민이 많은 시기이다.

⑦ 청소년기에는 모든 사람이 자신에게 관심을 가지고 있다고 생각하는 '개인적 우화'가 나타난다.

⑧ 청소년기에는 성장하면서 남녀 모두 체지방이 감소하는 경향이 있다.

⑨ 청소년기에는 또래집단에서 단체놀이를 통해 상대를 존중하고 규칙과 예절을 배운다.

⑩ 여성보다 남성에게서 섭식장애가 더 많이 나타난다.

◆ 청년기

① 청년기에는 타인과의 관계 속에서 친밀감을 형성한다.

② 청년기에는 신체적 기능이 최고조에 달하며 이를 정점으로 쇠퇴하기 시작하는 시기이다.

③ 청년기에는 직업을 선택하고 경력을 쌓아야 한다.

④ 청년기에는 삶과 직업에 관한 목표와 희망을 명확하게 정의해야 한다.

⑤ 청년기(20~35세)에는 친밀감 형성과 성숙한 사회관계 성취가 중요하다.

⑥ 청년기는 제2성장 급등기이다.

⑦ 청년기에는 단기기억력은 약화되기 시작하지만 장기기억력은 변화하지 않는 시기이다.

⑧ 청년기는 질병으로 인한 사망률이 높아지는 시기이다.

⑨ 청년기에는 자신의 과거에 대한 재평가를 통해 변화가능성을 탐색해야 한다.

⑩ 청년기에는 또래집단의 영향력이 가장 큰 시기이다.

〈 정답 〉
• 청소년기 – ⑦⑧⑨⑩
• 청년기 – ⑥⑦⑧⑨⑩

제11장 중년기와 노년기

1. 중 · 장년기의 개념(보통 30~40세 · 50~70세)

- 인생의 전성기 또는 쇠퇴기로 규정됨
- 경제적 안정, 직장, 집안에서 높은 지위와 권한을 갖는다는 점에서 전성기, 신체적 퇴행, 결혼만족도 저하, 자녀와 노부모 부양책임 등 위기 직면할 위험이 높다는 점에서 쇠퇴기가 될 수 있음(인생의 전환기, 지휘하는 세대, 위기의 시기, 샌드위치 세대, 갱년기, 폐경기, 빈 둥지 시기, 역할전도)
- 신체적 변화에 대한 적응, 부부간의 애정 재확립과 중년 위기 극복, 직업활동 몰두와 여가 선용 등

2. 중 · 장년기의 발달

(1) 신체적 발달

신체적 능력과 건강 감퇴, 신진대사 둔화, 허리둘레와 체중 증가, 머리카락 변화, 피부탄력 감소, 피부 주름, 건조, 관절염, 당뇨, 심장병, 고혈압, 악성신생물 등 성인병 위험

(2) 성적 변화

- 갱년기 여성: 여성 40~50대 폐경(menopause)경험. 조기 폐경, 에스트로겐 감소, 자궁과 유방 퇴화, 신체 및 심리적 폐경 증상
- 갱년기 남성: 정자나 정액 생성 종결 의미 아님. 테스토스테론(남성호르몬) 감소

(3) 심리적 발달

- 인지능력의 변화: 인지적 반응 속도 느려짐, 높은 수준, 전문성 있는 문제해결능력
- 심리적 위기
  - 심리사회적 위기: 생산성 대 침체(generativity vs self-stagnation)
  - 중년의 위기(mid-life crisis): 신체적 노화, 직업생활 및 가족생활 변화 적응 과업

- 빈 둥지 시기(empty nest)
- 사회적 발달: 샌드위치 세대(sandwich generation)

(4) 중년기의 발달과제
○ 에릭슨의 발달과업
- 에릭슨의 발달단계 중 성인기(24~65세)에 해당하며, 생산성 대 침체의 심리사회적 위기를 겪음
- 생산성이란 다음 세대를 이끌어주고 돌봐주려는 일반적인 관심
  침체란 타인에게 거짓된 친밀성을 갖고 자기에게만 탐닉하는 것으로써, 자기만을 우선적으로 보호하는 것을 말함

○ 펙의 발달과업
- 지혜에 가치를 부여하기 VS 물리적 힘에 가치를 부여하기: 현명한 선택을 할 수 있는 능력인 지혜 대신 육체적 힘을 중요시할 수도 있음
- 대인관계 VS 성적 대상화: 성 호르몬의 감소문제에 몰입하기보다는 폭넓고 개방적인 대인관계를 형성하고 사회화하는데 관심을 기울일 필요가 있음
- 정서적 유연성 VS 정서적 빈곤성: 다양한 이별을 통해 상실감을 경험하기 때문에 정서적으로 빈곤함을 경험할 수도 있음
- 정신적 유연성 VS 정신적 경직성: 새로운 경험과 배움에 대해 폐쇄적인 태도를 취하기보다는 기존의 지식이나 경험과 통합하여 새로운 지혜를 창출하는 융통성을 발휘할 필요가 있음

○ 레빈슨의 발달과업
- 성인 초기(17~45세): 가장 활발하고 정력이 넘치지만 동시에 갈등과 모순에 부딪히며, 개인의 주된 관심은 가족보다는 가정 바깥에 있음. 자녀의 부양자인 동시에 부모의 잠재적 부양자
- 성인 중기 혹은 장년기(40~60세): 지혜와 판단력이 절정에 달하고 일에 몰두하며, 제자나 후배의 후견으로서 그들은 지도하고 이끌어줌. 젊은 시절에 설정한 꿈과 현실 사이의 괴리를 발견하고 스스로 추구해 오던 목표를 재평가하며, 노화의 증상과 신체능력의 감소를 확인하게 되어 다가올 죽음을 생각함

(5) 발달과업

- 융: 개성화와 자기실현
- 에릭슨: 생산성 대 침체라는 심리사회적 위기 극복 – 배려라는 자아 특질
- 펙: 육체적 힘 중시→지혜 중시, 성적 대상화→대인관계 사회화, 정서적 빈곤→정서적 융통성, 지적 빈곤→지적 융통성

(6) 사회복지실천에서의 관심 영역

○ 신체적 발달의 관심 영역

- 사회복지관 – 성인병 예방 위한 건강교육, 건강상담 프로그램, 건강관리와 유지 위한 운동 시설 설치 개방 등
- 갱년기 장애: 개인상담, 집단상담, 부부상담 강화, 성치료 전문기관 연계 체계 필요

○ 심리적 발달의 관심 영역

- 사회복지기관 – 중년기 위기 극복 프로그램: 여성 평생교육 프로그램, 여가선용 프로그램 등
- 정신질환: 정신병원 의뢰 체계 구축 필요

○ 사회적 발달의 관심 영역

가족상담과 지원, 노후설계 프로그램, 고용지원서비스, 직업훈련과 고용알선

3. 노년기

(1) 노년기 연령: 65세~사망

- 65~75세: 연소노인(young-old)
- 75~85세: 고령노인(old-old 또는 middle-old)
- 85세 이상: 초고령노인(oldest old)

(2) 신체 · 심리 · 사회적 측면

점진적 퇴행적 발달, 노화(aging)가 일어나는 시기

(3) 노년기 발달과업

신체 변화에 대한 적응, 인생에 대한 평가, 역할 재조정, 여가활동, 죽음에 대한 대비, 노후생활에 적합한 생활환경 조성 등

- 하비거스트: 지위와 역할 상실에 대한 적응
- 에릭슨: 자아통합(자아완성) 대 절망이라는 심리사회적 위기를 극복, 지혜라는 자아특질
- 펙: 직업역할 몰두 → 자기분화, 신체몰두 → 신체초월, 자기몰두 → 자기초월

4. 노년기의 발달

(1) 신체구조의 변화

노화색소, 세포노화, 체온유지능력 감소, 60세 이후 체중 감소, 연골조직 퇴화, 치아 수 감소, 백발, 피부변화(창백, 얼룩반점, 건성화 등 피하조직과 신경세포 감소로 체온유지능력 감소

(2) 신체기능의 변화

치아결손, 소화기능 감퇴, 성기능, 생식기능 저하 현상

(3) 심리적 발달
○ 감각 기능

- 시각, 청각, 미각, 후각, 촉각 능력 저하, 연령증가함에 따라 수면시간 감소

○ 인지 및 정신기능

- 단기기억과 최근기억의 능력 약화, 암기보다 논리적인 기억력 더 많이 감퇴
- 보는 것보다 듣는 것의 기억력 뛰어남
- 사고능력과 문제해결능력은 연령이 증가함에 따라 저하, 연령, 교육수준, 인생경험, 지능, 직업, 동년배효과 등이 복합적으로 영향 미침
- 치매 위험

– 지혜(wisdom)

○ 자아통합과 죽음
• Erikson(1963): 자아통합 대 절망(ego integration vs despair): 중 · 장년기의 생산성 대 침체의 위기 성공적 극복 결과에 따라 상이
• 죽음에 대한 태도: 아동기~노년기까지 장기간 형성. 노년기 죽음은 자아통합성 성취 정도에 따라 다름
• Kübler–Ross(큐블러–로스)의 죽음에 대한 적응 단계
  부정단계 → 분노단계 → 타협단계 → 우울단계 → 수용단계

○ 큐블러 – 로스(Kübler-Ross)모델
• 부정: 사실로 받아들이지 않음. 흔히 의사의 오진이라고 생각함
• 분노: 왜 하필 자신에게 이런 일이 있어났느냐며 가족이나 의료진에게 분노를 터뜨림
• 타협: 상실의 전부 또는 일부를 다시 회복하여 어떤 불가사의한 힘과 협상하고자 함
• 우울: 이별할 수밖에 없다는 데서 오는 우울증이 나타남
• 수용: 사실을 받아들임
• 죽음 적응단계: 부정 → 분노 → 협상(타협) → 우울 → 수용(퀴블러 – 로스)

○ 정서 및 성격 변화
• 감정표현능력 저하: 사회문화적 요인이 큰 원인
• 성격변화: 연속성과 안정성 유지 vs 변화
• 노년기의 특징적 성격 변화 : 내향성 및 수동성의 증가, 조심성의 증가, 경직성의 증가, 우울 성향의 증가, 생에 대한 회상의 경향, 친근한 사물에 대한 애착 증가, 성역할 지각의 변화, 의존성의 증가, 시간전망의 증가, 유산을 남기려는 경향 등

(4) 사회적 발달
• 사회적관계망과의 상호작용: 사회관계망 축소, 부부관계, 배우자의 사망, 황혼이혼과 재혼, 성인 자녀와의 관계, 자녀 별거, 조부모로서의 역할, 친구관계, 주거환경, 노인복지시설 입소
• 사회화: 한 사회의 연령규범이 명확할수록 구성원의 사회화 과정은 보다 쉽게 이루어질 수

있음

• 사회적 지위와 역할: 역할 상실, 역할 전환

• 은퇴

※ 퇴직의 단계:

　퇴직전 단계 → 밀월 단계 → 안정 단계 → 휴식 단계 → 환멸 단계 → 재지향 단계 →
　일상화 단계 → 종결 단계

---

(5) 노년기의 발달과제

○ 에릭슨의 발달과업

• 에릭슨의 발달단계 중 노년기(65세 이후) 해당하며, 자아통합 대 절망의 심리사회적 위기
　를 겪음

• 자아통합은 자신의 인생을 수용하고 갈등, 실패, 실망 등을 성공, 기쁨, 보람 등과 함께 전
　체의 삶 속에 통합시키는 것

• 절망은 자기 과거에 대한 지속적인 후회를 의미함

○ 하비거스트의 발달과업

• 신체적 힘과 건강 약화에 따른 적응

• 퇴직과 경제적 수입 감소에 따른 적응

• 배우자의 죽음에 대한 적응

• 자기 동년배집단의 유대관계 강화

• 사회적 역할을 융통성 있게 수행하고 적응하는 일

• 생활에 적합한 물리적 생활환경의 조성

(6) 사회복지실천에서의 관심 영역

• 신체적 발달의 관심 영역 – 만성질환, 노인장기요양보험제도, 가족지원사업

• 심리적 발달의 관심 영역 – 노인상담, 여가 및 평생교육, 치매 프로그램, 부양부담

• 사회적 발달의 관심 영역 – 고용 및 소득보완사업, 정년연장, 노인 자원봉사활동, 은퇴준
　비교육, 노인일자리 사업

上·中·下

01) 중년기(성인중기, 40~64세)에 관한 설명으로 옳지 않은 것은?

(18회 기출)

① 에릭슨(E. Erikson)의 생산성 대 침체성(generativity vs stagnation)의 단계에 해당된다.

② 아들러(A. Adler)는 외부에 쏟았던 에너지를 자기 내부로 돌리며 개성화 과정을 경험한다고 본다.

③ 결정성 지능은 계속 증가하지만 유동성 지능은 감소한다고 본다.

④ 성인병 같은 다양한 신체적 질환이 많이 나타나고 갱년기를 경험한다.

⑤ 남성은 테스토스테론이, 여성은 에스트로겐의 분비가 감소되는 호르몬의 변화과정을 겪는다.

해설

외부에 쏟았던 에너지를 자기 내부로 돌리며 개성화 과정을 경험한다고 본 것은 융의 발달과업이다.

〈 정답 ② 〉

上·中·下

02) 노년기(성인후기, 65세 이상)에 관한 설명으로 옳지 않은 것은?

(18회 기출)

① 시각, 청각, 미각 등의 감각기능이 약화되고, 생식기능 또한 점차 약화된다.

② 퀴블러 로스(E. Kübler-Ross)는 인간이 죽음에 적응하는 5단계 중 마지막 단계를 타협단계라고 하였다.

③ 신체변화에 대한 적응, 인생에 대한 평가, 역할 재조정, 죽음에 대한 대비 등이 주요 발달과업이다.

④ 에릭슨(E. Erikson)은 자아통합을 이루지 못하면 절망감을 느낀다고 보았다.

⑤ 신장기능이 저하되어 신장질환에 걸릴 가능성이 증가하고, 방광이나 요도기능의 저하로 야간에 소변보는 횟수가 증가한다.

Kübler-Ross(큐블러–로스)의 죽음에 대한 적응 단계

• 부정: 사실로 받아들이지 않는다. 흔히 의사의 오진이라고 생각한다.

• 분노: 왜 하필 자신에게 이런 일이 있어났냐며 가족이나 의료진에게 분노를 터뜨린다.

• 타협: 상실의 전부 또는 일부를 다시 회복하여 어떤 불가사의한 힘과 협상하고자 한다.

• 우울: 이별할 수밖에 없다는 데서 오는 우울증이 나타난다.

• 수용: 사실을 받아들인다.

〈 정답 ② 〉

중년기와 노년기
다음 문장에서 틀린 것을 모두 고르시오.

◆ 중년기

① 중년기에는 기억의 감퇴현상이 나타나지만 문제해결능력은 높아질 수 있다.

② 중년기에 직면하게 되는 심리사회적 위기는 생산성 대 침체이다.

③ 중년기에는 남녀의 성적 능력이 저하되며 갱년기를 경험하게 된다.

④ 여성의 경우 에스트로겐의 분비가 감소되며 남성의 경우 테스토스테론의 분비가 감소 된다.

⑤ 여성의 폐경으로 가임기가 끝나지만, 남성은 갱년기에도 생식능력이 지속된다.

⑥ 결정성 지능은 중년기에도 계속 발달한다.

⑦ 중년기에는 새로운 것의 학습능력은 저하되지만 문제해결능력은 오히려 높아진다.

⑧ 중년기에는 사회경제적 활동능력이 최고조에 달하며 높은 성취감을 맛보게 된다.

⑨ 중년기는 자아통합의 시기이며 사회관계망의 축소로 인해 사회적 역할 변화를 경험 한다.

◆ 노년기

① 노년기에는 중년기부터 나타나기 시작한 시각기능의 원시현상이 더욱 뚜렷해진다.

② 노년기의 과업은 자신의 삶을 수용하는 것이다.

③ 노년기에는 단기기억보다 장기기억의 감퇴속도가 느리다.

④ 노년기에는 친근한 사물에 대한 애착심이 강하고 수동성이 증가한다.

⑤ 치매는 인지기능과 고등 정신기능의 감퇴로 일상적 사회활동이나 대인관계에 지장을 준다.

⑥ 노년기에는 생에 대한 회상이 증가하고 융통성이 증가한다.

⑦ 연령이 증가함에 따라 수면시간이 증가한다.

⑧ 우리 사회는 노년기 연령규범에 대한 명확한 합의가 있다.

⑨ 노년기에는 제도적 지위와 역할은 늘어나며 비공식적 역할은 축소된다.

⑩ 의사의 오진이라고 생각하며 죽음을 회피하는 것은 퀴블러 로스의 죽음에 이르는 단계
중 4단계에 해당한다.

〈 정답 〉
• 중년기 – ⑨
• 노년기 – ⑥⑦⑧⑨⑩

제2편
사회복지조사론

제1장 과학적 방법과 조사연구

1. 과학의 연구방법과 특성

(1) 과학적 연구
- 과학의 근본목적은 사회현상과 자연현상을 포함하여 모든 현상을 설명하는 이론을 제시하는 데 있음
- 과학은 우리를 둘러싸고 있는 자연현상 또는 사회현상을 이해하는 데 도움을 주며, 사물의 현상을 정확히 기술하고 현상 속에 내재된 규칙을 발견하여 이론과 규칙으로 일반화시키려 함

(2) 과학적 방법의 특징
과학적 연구가 갖추어야 할 기본 조건은 객관성이며, 증거를 중요시하기 때문에 모든 명제나 가설들은 경험적으로 검증되어야 함
- 과학적 연구는 논리적이고 체계적이며, 잠정적 지식을 추구함
- 과학적 연구는 반증을 통해 수정이 가능하며, 일반화를 모색함
- 과학적 연구는 간결성을 추구하고, 구체적이어야 함
- 과학적 연구는 경험적 검증이 가능해야 하며, 설명을 목적으로 함
- 과학적 연구는 가치중립적이며, 분석적임

2. 과학적 방법의 논리

(1) 연역법(deductive logic)
- 일반적인 사실에서 특수한 사실을 추론해 내는 방법
- 실증주의자들이 주로 사용하며, 가설을 입증하는 전반적인 과정
- 논리적 전개: 이론 → 가설 → 조작화 → 관찰 → 검증을 거치는 방법

(이론, 가설)	모든 사람은 죽는다.
(조작화)	소크라테스는 사람이다.
(관찰, 경험)	그러므로 소크라테스는 죽는다.
(검증)	"모든 사람은 죽는다"라는 논리를 검증함

(2) 귀납법(inductive logic)
- 관찰에서 시작하여 일반적 원리나 이론을 전개해 나가는 논리적 과정
- 경험의 세계에서 관찰된 사실들이 공통적인 유형으로 전개되는 것을 증명하는 것
- 논리적 전개: 주제선정 → 관찰 → 유형발견(경험적 일반화) → 이론(임시결론)

(주제) 인간의 죽음을 관찰한다.
(관찰) A도 죽는다.
(유형) 다른 사람도 죽는 것을 관찰한다.
(이론) 그러므로 모든 사람은 죽는다.

- 이론을 검증하기 위해 행해지는 관찰과 관찰을 통해 이론을 형성하는 귀납적 방법이 되풀이되면서 사회과학이론은 보다 정교해져 가는 것

(3) 연역법과 귀납법의 상호관계
- 연역법과 귀납법은 상호보완적이며 서로 순환적인 과정에 있음
- 일반적으로 기존의 이론이 존재할 때에는 연역법을 사용하며, 기존의 이론이 존재하지 않을 때는 귀납법을 사용함

연역적 방법과 귀납적 방법의 순환관계

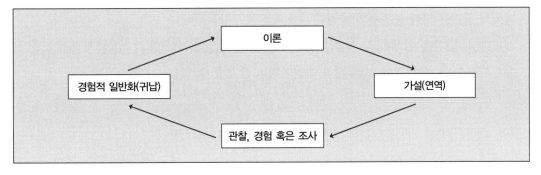

3. 사회과학 방법론

(1) 해석주의: 막스베버, 딜타이
- 인간행동 중 의미 있는 사회적 행동에만 초점을 둠
- 사회적 행위의 주관적 의미에 대한 이해를 강조함
- 주로 언어를 분석대상으로 하는 질적연구(귀납법)를 선호함
- 연구자의 가치나 태도활용을 강조하며 보편적 분석도구를 부정함

(2) 실증주의: 콩트
- 사회현상에 대한 과학적 접근을 가능하게 만듦
- 경험적 관찰을 통해 이론의 재검증을 강조함
- 적은 수의 표본으로 결과를 일반화하는 것은 무리라고 주장함
- 주로 수치를 분석대상으로 하는 양적연구(연역법)를 선호함

(3) 반증주의: 칼 포퍼
- 과학은 이론에 대한 끊임없는 반증을 통해 누적적으로 진보함
- 지속적인 테스트과정에서 거짓으로 밝혀지면 버려지게 됨
- 연역적 방법에 따라 이론을 개발해야 한다고 강조함

(4) 과학혁명론: 토마스 쿤
- 과학은 점진적으로 발전하는 것이 아니라 패러다임의 이동이라는 급진적 혁명을 통해 발전한다고 봄
- 급진적 혁명을 패러다임의 전환이라고 하며, 패러다임은 고정되어 있는 것이 아니라 끊임없이 변화한다고 봄
- 과학적 진리는 과학 공동체의 패러다임에 의존함
- 패러다임: 현상을 이해하고 세상을 바라보는 방식, 우열을 비교할 수 있는 객관적 기준은 존재하지 않음, 한시기에 여러 개의 패러다임이 존재할 수 있음

4. 사회복지조사의 윤리

(1) 자발적 참여와 고지된 동의
- 자발적 참여: 참여자가 연구에 참여하기로 동의한 이후에도 상황이나 의사의 변화에 따라 언제라도 아무런 불이익 없이 철회할 권리도 포함되어야 한다는 것을 의미함
- 고지된 동의: 조사와 관련된 충분한 정보를 제공하고 참여자의 동의를 구해야 한다는 것을 의미함

(2) 익명성과 비밀보장
- 익명성: 조사대상자들이 자신의 신원을 밝히지 않고 응답할 수 있도록 하는 것을 의미함
- 비밀보장: 조사연구자가 응답자의 신원을 알고 있어도 이를 공개하지 않는 것을 의미함

(3) 조사결과의 보고
- 연구에서 얻게 된 정보를 정확하게 보고해야 함
- 부정적인 결과가 나오더라도 왜곡하지 않고 정확하게 보고해야 함

5. 사회복지조사의 개념

(1) 사회복지조사(social welfare research)
- 사회조사를 사회복지에 접목시켜 사회복지의 목적인 개인과 지역사회의 복지욕구를 충족시키고 사회적 문제를 해결함으로써 삶의 질을 향상시킬 수 있는 방안을 강구하기 위한 제반 지식을 탐구하는 절차
- 사회복지조사는 과학적 방법으로 수행되어야 하며, 과학의 특성인 논리성 · 검증가능성 · 재생가능성 · 간주관성 · 객관성 등을 갖추어야함
- 사회복지에서 다루고 있는 주요 주제가 인간의 다양한 행위와 문제이기 때문에 가치 지향적이고 추상적인 개념이 많음

(2) 사회복지조사의 특성
- 응용조사적 특성: 사회복지학은 실천학문이고 응용사회과학의 분류에 속함

- 사회개량적 특성: 사회적 약자들이 가지고 있는 다양한 문제와 욕구를 확인하여 해결할 수 있는 방안을 강구함으로써 궁극적으로 대상자들의 삶의 질을 향상시키고자 하는 데 관심을 가지고 있음
- 계획적 특성: 사회복지실천은 욕구조사·개입·평가의 연속되는 과정으로 이러한 과정은 계획에 의해 수행됨
- 평가적 특성: 사회복지서비스의 효과성과 효율성을 평가하기 위한 도구로 활용됨

上·中·下

01) 후기실증주의 과학철학에 관한 설명으로 옳은 것은?　(18회 기출)

① 실증주의가 주장하는 연역주의에 대한 대안이다.

② 관찰대상이 인간과 무관하게 존재할 수 있다고 본다.

③ 지식의 본질을 잠정적 · 확률적으로 본다.

④ 관찰의 이론의존성을 부인한다.

⑤ 과학은 혁명적으로 변화한다고 본다.

해설

실증주의에서는 경험적 관찰을 통한 명제의 검증을 강조하며, 후기실증주의에서는 관찰이 누적될수록 옳은 명제가 되는 것은 증가하지만 어디까지나 이는 지식의 본질을 잠정적 · 확률적으로 본다.

〈 정답 ③ 〉

上·中·下

02) 쿤(T. Kuhn)의 과학적 패러다임에 관한 설명으로 옳지 않은 것은?　(16회 기출)

① 현상에 대한 우리의 관점을 조직하는 근본적인 도식을 패러다임이라 한다.

② 과학은 지식의 누적에 의해 점진적으로 진보한다고 본다.

③ 학문 공동체의 사회적 성격이 과학이론 선택에 중요한 역할을 한다.

④ 상이한 과학적 패러다임은 실재의 본질에 대한 다른 입장을 반영한다.

⑤ 기존 패러다임의 위기가 명백해지면 새로운 패러다임으로 전환된다.

해설

쿤(T. Kuhn)에 의하면 과학의 발전은 누적적인 것이 아니라 혁명적인 과정을 통해 이루진다고 본다.

〈 정답 ② 〉

> **과학적 방법과 조사연구**
> 다음 문장에서 틀린 것을 모두 고르시오.

◆ **과학적 방법**

① 과학적 방법은 잠정적이지 않은 지식을 추구한다.

② 과학적 방법은 철학이나 신념보다 이론에 기반한다.

③ 과학적 방법은 경험적인 증거에 기반하여 지식을 탐구한다.

④ 사회과학의 패러다임이 폐기되는 경우는 자연과학의 패러다임에 비해 흔하지 않다.

⑤ 한 시기에 여러 개의 패러다임이 공존할 수 있다.

⑥ 쿤(T. Kuhn)은 패러다임의 변화를 점진적인 것이 아니라 혁신적인 것으로 봤다.

⑦ 일반적으로 패러다임의 우열을 가릴 수 있는 객관적 기준이 존재한다.

⑧ 쿤(T. Kuhn)은 패러다임의 변화를 점진적인 것이 아니라 혁신적인 것으로 봤다.

⑨ 쿤(T. Kuhn)의 패러다임은 과학은 지식의 누적에 의해 점진적으로 진보한다고 본다.

⑩ 쿤(T. Kuhn)의 패러다임은 기존 패러다임의 위기가 명백해지면 새로운 패러다임으로 전환된다.

⑪ 귀납법과 연역법은 상호배타적이다.

⑫ 귀납법은 이론에서 조작화와 관찰로 이어진다.

⑬ '모든 사람은 죽는다' 와 같은 명제에서 시작하는 것은 귀납법이다.

⑭ 연역법은 개별 사례의 관찰에서 출발한다.

⑮ 경험적 관찰에서 보편적 유형을 찾는 것은 귀납법이다.

◆ **사회복지조사 윤리**

① 수업시간에 조사하는 설문지도 응답자의 동의와 자발적 참여가 필요하다.

② 연구자는 연구대상자에게 피해를 줘서는 안 된다.

③ 응답자의 익명성과 비밀을 보장해야 한다.

④ 연구의 공익적 가치는 일반적으로 연구윤리보다 우선해야 한다.

⑤ 타인의 연구결과를 인용 없이 사용하는 경우를 표절이라 한다.

⑥ 윤리적 원칙은 연구결과의 보고에도 적용된다.

⑦ 고지된 동의는 조사자를 보호하기 위해 활용될 수 있다.

⑧ 연구 참여에 따른 위험과 더불어 혜택도 고지되어야 한다.

⑨ 조사대상자의 익명성이 유지되어야만 조사내용의 비밀유지가 가능하다.

⑩ 아동 대상 연구에서는 부모 등 후견인에게 고지된 동의를 받아야 한다.

⑪ 연구대상을 관찰하기에 앞서 그들의 동의를 구해야 한다.

⑫ 연구로부터 얻을 수 있는 사회적 이익이 비용을 초과해야만 한다.

⑬ 조사과정에서 드러난 문제점과 실패도 모두 보고해야 한다.

⑭ 비밀성이 보장되면 익명성도 보장된다.

〈 정답 〉

• 과학적 방법 – ①⑦⑨⑩⑪⑫⑬⑭
• 사회복지조사 윤리 – ④⑨⑫⑭

제2장 사회복지조사의 유형과 절차

1. 사회복지조사의 유형

(1) 조사의 목적에 따른 분류
○ **탐색적 조사**(exploratory study): **예비조사**
- 어떤 문제 영역에 대한 선행지식이 부족 하거나 문제에 대한 통찰을 얻은 후 연구문제를 형성하거나 가설을 설정하기 위해 사용할 방법을 개발하고자 하는 경우에 주로 사용됨
- 문헌조사, 경험자 조사(전문가 의견조사), 특례조사 등

○ **기술적 조사**(descriptive study): **묘사적 조사**
- 조사대상의 현황이나 사건 또는 상황에 대한 객관적이고 정확한 기술과 묘사에 초점을 두며, 조사자는 연구를 통해 과학적 사실을 파악하고 분석한 내용을 구체적으로 기술함
- 현상의 형태나 분포, 크기, 비율 등 단순 통계적인 것들에 대한 정보를 구체적으로 기술하고 묘사하는 것을 목적으로 하는 것
- 탐색적 조사보다 한 단계 발전된 수준의 지식을 개발할 수 있지만, 특정 현상에 대한 원인이나 인과관계를 확인하고자 하는 것은 아님
- 여론조사, 인구센서스 조사 등

○ **설명적 조사**(explanatory study)
- 사회현상에 대한 원인을 밝힘으로서 사건이나 현상을 설명하고자 하는 것을 목적으로 함
- 탐색적조사, 기술적조사의 목적을 충족시킨 상태에서 실시될 수 있는데, 그 이유는 탐색과 기술을 통해 알려진 선행 지식들을 활용해 현상의 원인을 유추하고 가설 설정 및 측정이 가능해지기 때문임
- 변수들 사이의 인과관계를 밝혀내는 데 목적이 있으며, 일반적으로 연역적 방법으로 실시됨

(2) 시간적 차원에 따른 분류
○ **횡단조사**(cross-sectional study)

- 어떤 특정 현상을 연구함에 있어서 어느 한 시점에서 나타나는 현상의 자료를 얻기 위해 사회현상을 조사하는 것을 의미함

  예) 단 한 번의 조사결과를 가지고 연령별, 성별, 사회·경제적 지위 등 대상자의 특성들에 어떤 차이가 있는지 비교하는 것

- 한 시점에 조사를 하는 것이기 때문에 탐색적, 기술적, 설명적 목적을 가질 수 있음

  예) 인구센서스조사 등

- 횡단조사의 특성
  - 일정 시점에서 측정하므로 정태적임
  - 주로 표본조사를 실시하며 측정이 반복적으로 이루어지지 않음
  - 조사대상의 특성에 따라 여러 집단으로 분류하기 때문에 표본의 크기가 커야 함

- 횡단조사의 장점: 종단 조사에 비해 시간과 비용을 절약, 한 번에 많은 자료를 얻음

- 횡단조사의 단점: 조사시점이 지난 후의 변화에 대해 알 수 없음

○ **종단조사**(longitudinal study)

- 일정 기간에 걸쳐서 나타나는 어떤 과정에 대하여 기술하고자 하는 목적으로 여러 시점에 걸쳐서 조사를 반복하는 조사유형

- 횡단조사와 반대로 복잡하고 비용이 많이 드는 반면, 인간의 행위 또는 사회현상의 진행과정이나 변화 등을 조사하는 데 유리함

  예) 사회복지실천의 개입효과를 검증: 개입 이전의 클라이언트의 상태와 개입 이후의 상태를 비교하여 그 치료의 효과를 확인함

- 종단조사의 특성
  - 일정한 시간적 간격을 두고 측정하므로 동태적임
  - 주로 표본조사를 활용하여 장기간 동안 측정이 반복해서 이루어짐
  - 장기간에 걸쳐 조사대상자와 상황의 변화를 조사할 수 있음
  - 장시간 반복적으로 조사가 이루어지기 때문에 시간과 비용이 많이 소요됨

- 패널조사(panel study)
  - 일정한 간격을 두고 동일한 대상을 동일한 문항으로 반복 조사하는 조사유형
  - 대상자들에 대한 반복적인 관찰을 통해 변화에 대한 포괄적인 자료를 얻을 수 있게 됨

- 비용과 시간이 많이 들고 수행하기에 어려우며, 시간이 지남에 따라 조사대상자인 패널이 중도에 탈락하는 문제가 발생함
- 동일한 대상에게 동일한 조사내용을 반복해서 조사함으로 인해 초기의 조사가 조사 후기에 영향을 미치는 조사반응성을 유발시킬 수 있는 한계를 가짐

• 경향조사(trend study): 추이(추세)조사
  - 동일한 주제를 반복적으로 조사하되 조사할 때 마다 대상자는 다름
  - 동일한 주제를 조사하지만 매번 다른 대상자를 조사한다는 점에서 패널조사와 차이점
  - 시간의 흐름에 따라 나타나는 대상자 집단의 변화를 관찰하는 조사유형
  예) 1990년대와 2010년대의 10대들의 소비성향 비교 등

• 동년배조사(cohort study): 동류집단조사, 코호트조사
  - 시간의 변화에 따른 특정 동류집단의 변화를 관찰하는 조사유형
  - 일반적으로 동류집단은 동시대에 태어난 동년배로 유사한 경험을 공유한 집단
  예) 전쟁 직후의 베이비붐 세대, 386세대, N세대 등 조사

(3) 자료수집 성격에 따른 분류
○ 양적조사
• 조사대상의 속성을 가능한 계량적으로 표현함
• 조사대상의 관계를 통계분석을 통해 밝혀내는 조사방법

○ 질적조사
• 양적조사로는 발견하거나 분석하기 어려운 문제를 효과적으로 조사하는 방법
• 대상자의 언어 · 행동 등 상황, 환경적 요인들을 심층면접이나 관찰 등을 통해 조사함

2. 사회복지조사의 절차

조사주제 선정 → 조사문제 설정 → 선행연구 및 문헌고찰 → 가설설정 → 조사설계 → 자료수집 → 자료 분석 및 해석 → 조사보고서 작성

(1) 조사문제 설정(formulation of research problems)

- 조사에서 다루고자 하는 주제, 목적, 이론적 배경, 중요성 등을 논리적으로 정립함
- 기존의 관련 자료나 문헌조사, 전문가의 의견, 예비조사 등을 참고로 할 수 있음
- 주제선정: 문제를 인식하고 특정 현상이 존재하는지를 확인하는 과정
- 문제형성: 선정된 주제와 관련하여 연구대상의 문제를 보다 구체적이고 체계적으로 표현하여 가설로 발전할 수 있도록 체계화하는 과정

(2) 가설설정 및 조작화

- 가설: 주제에 대한 결론을 이끌어 내기 위해 구체적인 2개 이상의 변수간의 관계로 나타낸 것을 의미함
- 조작화: 가설설정 후 변수들은 추상적이기 때문에 조사 가능한 구체적 개념으로 정립하는 것을 의미함

(3) 조사설계(research design)

- 조사연구방법을 결정하는 것으로 연구문제에 대한 해답을 얻기 위하여 실제로 어떠한 연구방법을 사용할 것인가를 결정하는 과정
- 전반적인 조사의 과정을 이끌어 주는 계획과 전략으로 조사대상자의 선정, 측정도구의 선정, 표집(sampling)과 자료수집, 자료분석 방법 등에 대한 결정을 모두 포함하는 과정

(4) 자료수집(data collection)

- 조사설계에서 채택된 자료수집 방법에 따라 자료들을 직접적으로 수집하는 단계
- 자료는 관찰 · 면접 · 설문지 등 여러 가지 방법을 통해 수집되는데, 문제의 성격과 연구범위에 따라 최대한 객관성을 높일 수 있는 방법을 사용해야 함
- 자료수집 방법: 설문조사법 · 면접조사법 · 관찰법 등 대상자에게 직접 자료를 수집하는 1차 자료수집방법과 이미 다른 주체에 의해 조사가 이루어져 공개된 2차 자료를 활용하는 간접 자료수집방법이 사용됨

(5) 자료분석 및 해석
○ 자료 분석

- 수집된 자료들은 분류화 · 부호화 등을 거쳐서 입력(cording)되고, 입력된 자료들은 통계

기법을 활용하여 분석의 단계를 거침
- 양적 연구에서는 통계적 기법을 통한 자료 분석을 중시하며, 각종 통계치들에 대한 해석능력을 필요로 함
- 자료분석이 끝나면 결과에 대해 의미 있는 해석이 이루어져야 함
- 자료분석 단위: 개인 · 집단 · 공식적 사회조직 · 사회적 가공물 등

○ 자료 분석단위와 관련된 오류

- <u>생태학적 오류</u>(ecological fallacy): 집단을 단위로 조사한 것을 근거로 하여 개별 단위에 적용하여 해석함으로써 발생하는 오류
- <u>개별주의적 오류</u>(individualistic fallacy): 개인을 단위로 조사한 것을 근거로 집단 단위에 적용하여 해석함으로써 발생하는 오류
- <u>축소주의적 오류</u>(reductionosm fallacy): 환원주의적 오류라고도 하며, 어떤 현상의 원인을 특정 요인으로 제한하여 해석함으로써 발생하는 오류

(6) 조사보고서 작성

- 사회복지조사과정의 마지막 단계는 조사보고서를 작성하는 것
- 조사시작부터 경험적 결론의 제시까지 조사연구의 전 과정을 일목요연하게 정리하는 것
- 조사보고서에 담겨져야 하는 내용은 다음과 같음
  - 문제제기와 연구의 필요성(서론)
  - 조사설계, 변수구성, 측정도구 및 자료수집방법 등 전반적인 조사방법에 대한 설명
  - 연구결과
  - 결과에 대한 논의 및 제언, 연구의 제한점
  - 참고문헌 및 부록

上·中·下

01) 다음 연구 상황에 유용한 조사유형은? (19회 기출)

일본 후쿠시마 원전 유출이 지역주민들의 삶에 초래한 변화를 연구하고자 하였으나 관련 연구나 선행 자료가 상당히 부족함을 발견하였다.

① 평가적 연구   ② 기술적 연구   ③ 설명적 연구
④ 탐색적 연구   ⑤ 척도개발 연구

해설

탐색적 연구는 어떤 문제 영역에 대한 선행지식이 부족 하거나 문제에 대한 통찰을 얻은 후 연구문제를 형성하거나 가설을 설정하기 위해 사용할 방법을 개발하고자 하는 경우에 주로 사용된다.
• 문헌조사, 경험자 조사(전문가 의견조사), 특례조사 등

〈 정답 ④ 〉

上·中·下

02) 종단연구(longitudinal study)에 관한 설명으로 옳지 않은 것은? (18회 기출)

① 시간흐름에 따른 조사 대상의 변화를 측정하는 연구이다.
② 일정기간의 변화에 대해 가장 포괄적 자료를 제공하는 것은 동년배집단연구(cohort study)이다.
③ 조사대상의 추적과 관리 때문에 가장 많은 비용이 드는 것은 패널연구(panel study)이다.
④ 일정 주기별 인구변화에 대한 조사는 경향연구(trend study)이다.
⑤ 동년배집단연구는 언제나 동일한 대상을 조사하는 것은 아니다.

해설

일정기간의 변화에 대해 가장 포괄적 자료를 제공하는 것은 패널연구이다.

〈 정답 ② 〉

사회복지조사의 유형과 절차

사회복지조사의 유형과 절차

다음 문장에서 틀린 것을 모두 고르시오.

◆ **조사목적에 따른 유형**

① 설명적 조사는 가설을 검증하려는 조사이다.

② 설명적 조사는 특정 현상을 사실적으로 묘사하려는 조사이다.

③ 설명적 조사는 변수 간의 인과관계를 규명하려는 조사이다.

④ 설명적 조사는 실험조사 설계형태로 이루어지는 조사이다.

⑤ 탐색적 조사의 경우에도 명확한 연구가설과 구체적 조사계획이 사전에 수립되어야 한다.

◆ **시간적 차원에 따른 유형**

① 횡단연구는 탐색, 기술, 설명의 목적을 갖는다.

② 횡단조사는 조사대상을 두 번 이상 연속적으로 관찰하거나 자료를 수집하는 조사이다.

③ 횡단연구는 상대적으로 비용이 많이 든다.

④ 동일대상을 반복 관찰하는 것은 횡단연구이다.

⑤ 종단연구는 시간흐름에 따른 조사 대상의 변화를 측정하는 연구이다.

⑥ 종단연구는 일정기간의 변화에 대해 가장 포괄적 자료를 제공하는 것은 동년배집단연구이다.

⑦ 종단연구는 조사대상의 추적과 관리 때문에 가장 많은 비용이 드는 것은 패널연구이다.

⑧ 종단연구는 일정 주기별 인구변화에 대한 조사는 경향연구(trend study)이다.

⑨ 동년배집단연구는 언제나 동일한 대상을 조사하는 것은 아니다.

⑩ 종단연구는 장기간에 걸쳐 조사하는 연구로 질적 연구로는 이루어지지 않는다.

⑪ 종단조사는 어느 한 시점에서 다수의 분석단위에 대한 자료를 수집하는 조사이다.

⑫ 일정기간에 걸쳐 발생하는 변화에 관한 연구는 종단연구이다.

⑬ 특정 집단의 변화에 대한 횡단연구는 경향연구(trend study)이다.

⑭ 패널조사는 조사대상자의 추적과 관리에 비용이 많이 든다.

⑮ 패널조사는 독립변수의 시간적 우선성을 확보할 수 있어 내적 타당도를 높일 수 있다.

⑯ 패널조사는 조사대상자의 상실로 변화를 확인하기 어려운 수 있다.

⑰ 패널조사는 검사효과가 개입될 수 있다.

⑱ 패널조사는 행동과 태도 등의 변화과정을 분석하기가 용이하다.

⑲ 패널조사는 동일한 조사대상에 대해 동일한 질문을 반복 실시하여 조사하는 방법이다.

⑳ 패널조사는 매 조사시점마다 동일인이 조사대상이 되도록 계획한다.

㉑ 패널조사는 반복 조사할 때마다 표본을 유지하기가 용이하다.

㉒ 패널(panel)연구는 새로운 경향을 확인하기 위해 해마다 다른 표본을 선정한다.

㉓ 패널조사는 각각 다른 시기와 서로 다른 대상이지만 일정한 연령집단을 조사하는 것이다.

㉔ 패널조사와 동년배 집단(cohort)조사는 동일 대상인에 대한 반복측정을 원칙으로 한다.

㉕ 동년배(cohort) 조사는 특정 하위모집단의 변화를 관찰하기 위해 매번 동일대상을 선정한다.

㉖ 동년배 집단조사는 같은 대상 집단을 일정한 시차를 두고 조사하는 것이다.

㉗ 1990년대와 2000년대 10대들의 직업선호도 비교는 동류집단(cohort)조사이다.

㉘ 추이(trend)조사는 패널연구보다 개인의 변화에 대해 더 명확한 자료를 제공한다.

㉙ 경향분석은 각각 다른 시기에 일정한 연령집단을 관찰하여 비교하는 조사이다.

㉚ 경향분석(trend analysis)은 매 조사시점에서 조사대상이 동일인이 아니다.

〈 정답 〉
• 조사목적에 따른 유형 – ②⑤
• 시간적 차원에 따른 유형 – ②③④⑥⑩⑪⑬㉑㉒㉓㉔㉕㉖㉗㉘

제3장 조사문제와 가설

1. 조사문제

(1) 조사문제의 개념
조사문제는 연구문제가 둘 이상의 변수 사이에 어떠한 관계가 존재하는지를 명확하게 서술되어야 함

(2) 조사문제의 선정기준
- 연구문제는 경험적으로 검증 가능해야 함
- 변수들간 관계에 대해 서술해야 하고 측정가능해야 함
- 선례를 답습하지 않고 새로운 관점에서 견해를 독창적으로 제시되어야 함
- 사회복지조사는 사회복지 윤리의 범위에서 벗어나지 않아야 함

(3) 개념적 정의와 조작적 정의
개념은 특정 대상의 속성을 추상화하여 의미를 부여하는 것이므로 개념 자체를 경험적으로 측정할 수 없다. 따라서 측정 가능한 의미로 명료화하게 정의할 필요가 있음

개념 → 개념적 정의 → 조작적 정의 → 측정

○ **개념적 정의**(conceptual definition)
- 연구대상인 사람, 사물의 속성, 사회적 현상 등의 변수를 추상적으로 정의하는 것
- 동일한 단어나 용어라도 사용되는 분야나 맥락에 따라 각기 다양하게 정의될 수 있음
- 사전적 정의와 마찬가지로 특정 용어가 의미하는 바가 무엇인지를 말로 서술해 놓은 것
- 어떤 변수에 대해 개념적 정의를 내리는 과정을 개념화라고 함
  예) 빈곤이란 정신적·물질적인 부족상태나 박탈상태를 말한다.

146

○ **조작적 정의**(operational definition)

- 추상적인 개념을 실증적 · 경험적으로 측정 가능하도록 구체적으로 정의하는 것
- 추상적인 개념들을 잘 대변하면서 경험적으로 측정 가능한 대체 개념을 찾는 것
- 어떤 연구를 하고자 할 때 개념적 정의는 필수적이지만, 우리가 연구하고자 하는 개념들이 너무 추상적이어서 직접 조사하기 어려운 경우가 있음
- 어떤 변수에 대해 조작적 정의를 내리는 과정을 조작화라고 함

  예) 청소년의 비행정도 측정: 비행은 매우 추상적이기 때문에 바로 측정 가능한 구체적인 조작적 정의가 필요. 즉, 비행을 측정하기 위해 하루 흡연량 · 가출횟수 · 학교 결석률 · 타인에게 폭력을 행사한 정도나 횟수 등으로 조작적 정의가 이루어져야 함

2. 가설의 개념과 종류

(1) 가설(hypothesis)의 개념

- 두 개 이상의 변수나 현상 간의 특별한 관계를 검증 가능한 형태로 서술하여 변수들 간의 관계를 가정 혹은 예측하는 진술이나 문장
- 연구주제를 조사 가능하게 구체적으로 조작화한 것으로 문제에 대한 잠정적인 해답이라 할 수 있음
- 실증적인 확인을 위해 구체적이어야 하고 현상과 관련성을 가져야 하며, 아직 진실 여부가 확인되지 않은 것
- 과학적 조사방법의 첫 번째 단계가 조사문제의 선정이며, 두 번째 단계로서 가설을 설정하여 조사문제를 구체화하고, 세 번째 단계로 가설의 실증적인 검증(참인지, 거짓인지)이 이루어짐

(2) 가설의 작성방법

가설 형식은 두 가지의 문장을 하나의 조건문 형태의 복문으로 결합한 형태를 취하며, 선정된 변수들과 이들 사이의 관계를 나타냄

  예) 만약 A이면 B이다: 만일 A가 진실이면 B도 진실이다.
  예) A할수록 B하다: 청소년의 학교 결석횟수가 증가할수록 학업 성취도는 낮을 것이다.

(3) 가설의 종류

○ 연구가설(실험가설)

- 과학적 가설, 작업가설, 실험가설이라고 함
- 영가설을 통해 간접적으로 검증되며 직접적으로 검증되지는 않음
- 연구가설은 영가설과 반대로 가설을 설정하는 것을 말함
- 검증될 때까지는 조사문제에 대해 잠정적인 해답으로 간주되는 가설
  예) 일하는 노인은 일하지 않는 노인보다 생활만족도가 높을 것이다.

○ 영가설(귀무가설)

- 연구가설을 부정하거나 기각(반증)하기 위해 설정하는 가설
- 변수 간의 차이가 없다거나 관계가 없다는 내용으로 서술됨
- 독립변수가 종속변수에 영향을 미치지 않는다고 가정함
- 분석결과에 따라 영가설이 채택되면 연구가설은 기각하며, 영가설이 기각되면 연구가설을 채택하는 방식으로 활용됨
  예) 일하는 노인은 일하지 않는 노인과 생활만족도에 차이가 없을 것이다.

○ 대립가설(대안가설)

- 영가설에 대립되는 가설, 즉 영가설이 거짓일 때 채택하기 위해 설정되는 가설
- 대립가설의 형식은 'A와 B는 관계가 있을 것이다', A에 따라 B는 차이가 있을 것이다.
  예) 일하는 노인은 일하지 않은 노인과 생활만족도에 차이가 있을 것이다.

3. 변수의 개념과 분류

(1) 변수(variable)의 개념

- 변화의 성질을 가진 개념, 연속선상에서 둘 이상의 값을 가지는 개념(반대개념: 상수)
- 연구대상의 속성에 계량적인 수치를 부여하여 경험적으로 측정 가능하게 하는 개념

(2) 기능적 관점에 따른 분류

- ○ **독립변수**(independent variable): 원인변수, 설명변수, 예측변수

- 어떤 변수가 다른 변수의 발생에 대한 원인(cause)이 된다고 가정되는 변수
- 실험설계에서는 실험처치 또는 실험자극이 독립변수에 해당됨
  예) 흡연은 폐암을 유발한다. / 흡연: 독립변수

○ **종속변수**(dependent variable): **결과변수, 피설명변수, 피예측변수, 반응변수**
- 다른 변수에 영향을 받지만 다른 변수에 영향을 미칠 수 없는 변수
- 독립변수의 영향을 받아 일정한 결과를 나타내는 변수로서 실험설계에서는 관찰대상의 속성이 종속변수에 해당됨
  예) 흡연은 폐암을 유발한다. / 폐암: 종속변수

○ **매개변수**(intervening variable)
- 독립변수의 영향을 받아 종속변수에 영향을 주는 변수
- 독립변수와 종속변수 사이에 영향을 미치는 매개자의 역할을 함
- 독립변수의 결과인 동시에 종속변수의 원인이 되는 변수임
- 독립변수 다음에 위치하면서 종속변수를 좀 더 설명해주는 매개적 역할을 함
  예) 부모의 교육열이 자녀의 학습의욕을 높여 학업성적에 영향을 준다.
    – 부모의 교육열: 학습의욕을 가져다주는 독립변수
    – 자녀의 학습의욕: 부모의 교육열에 영향을 받아 학업성적에 영향을 미치는 매개변수
    – 학업성적: 학습의욕에 영향을 받는 종속변수

○ **외생변수**(extraneous variable): **제3의 변수, 가식적 관계, 허위관계**
- 독립변수와 종속변수 간 인과관계가 있는 것처럼 보이지만 실제로 관계가 없는 경우
- 외생변수의 영향력을 통제해야만 변수들 사이의 실제 인과관계를 확인할 수 있음

○ **조절변수**(moderating variable)
- 독립변수가 종속변수에 미치는 영향력을 조절하는 변수를 말함
- 독립변수와 종속변수 간의 관계가 강도나 방향에 영향을 미치는 변수
  예) 집단따돌림 아동의 자아존중감이 교사의 지지에 따라 다르게 나타났다.
    – 집단따돌림(독립변수)을 당한 아동의 자존감은 낮아짐
    – 교사의 지지(조절변수)가 높을수록 아동의 자아존중감(종속변수)은 높아질 것

○ **통제변수**(control variable)

• 두 변수간의 관계를 더 정확하게 파악하기 위해서 두 변수 간의 관계에 영향을 미칠 수 있는 제3의 변수(매개변수, 외생변수 등)를 통제하는 것을 말함

• 연구설계시 정확한 결론을 얻기 위해서는 제3의 변수를 통제할 필요가 있는 경우가 있음

　예) 연구자가 경기불황과 외식업체의 매출의 관계에 대해 조사하여 경기가 어려우면 어려울수록 외식업체의 매출은 감소한다는 결과가 도출됨

　－ 제3의 변수인 지역을 통제해서 경기 불황과 외식업체의 매출의 관계를 파악했더니 서울 지역의 경우에는 외식업체의 매출 간 상관관계가 없었고, 부산 지역의 경우에는 약간의 상관관계가 있는 것으로 나타났음. 지역이라는 제3의 변수를 통제한 결과의 현상

上 · 中 · 下

01) 영가설(nul hypothesis)에 관한 설명으로 옳은 것은? (18회 기출)

① 변수 간의 관계가 존재한다는 가설이다.

② 변수 간 관계없음이 검증된 가설이다.

③ 조사자가 검증하고자 하는 가설이다.

④ 영가설에 대한 반증가설이 연구가설이다.

⑤ 변수 간 관계가 우연임을 말하는 가설이다.

해설

연구가설을 부정하거나 기각(반증)하기 위해 설정하는 가설이며, 변수 간의 차이가 없다거나 관계가 없다는 내용으로 서술된다.

• 독립변수가 종속변수에 영향을 미치지 않는다고 가정한다. 〈 정답 ⑤ 〉

上 · 中 · 下

02) 변수와 가설에 관한 설명으로 옳은 것을 모두 고른 것은? (16회 기출)

ㄱ 가설은 검증이 가능해야 한다.

ㄴ 가설은 변수 간의 관계를 가정하는 문장이다.

ㄷ 모든 변수는 개념이 아니지만 모든 개념은 변수다.

ㄹ 영가설은 독립변수가 종속변수에 영향을 미치지 않는다고 가정한다.

---

① ㄱ, ㄴ   ② ㄱ, ㄹ   ③ ㄱ, ㄴ, ㄹ

④ ㄴ, ㄷ, ㄹ   ⑤ ㄱ, ㄴ, ㄷ, ㄹ

해설

개념은 어떤 의미를 추상적인 용어를 관념적으로 기술한 것이며, 변수는 경험적으로 측정가능하게 하는 개념이다. 따라서 모든 변수는 개념이 될 수 있지만 모든 개념은 변수가 될 수는 없다.

〈 정답 ③ 〉

조사문제와 가설

다음 문장에서 틀린 것을 모두 고르시오.

◆ **개념적의와 조작적 정의**

① 조작적 정의, 명목적 정의, 축정의 순서로 이루어진다.

② 조작적 정의는 개념에 대한 사전적 정의이다.

③ 변수를 조작적으로 정의하는 방법은 한정되어 있다.

④ 조작화 과정의 최종 산물은 수량화이다.

⑤ 질적 조사에서 중요한 과정이다.

⑥ 표준화된 척도는 조작화의 산물이다.

⑦ 추상적 세계와 경험적 세계를 연결하는 작업이다.

⑧ 명목적 정의(nominal definition)로서 충분히 조작화가 가능하다.

⑨ 개념적으로 정의된 내용이 실제로 관찰되게 정의하는 것이다.

⑩ 양적 조사에서 매우 중요한 과정이다.

◆ **가설**

① 가설은 이론적 배경을 가져야 한다.

② 가설은 변수 간 관계를 가정한 문장이다.

③ 가설구성을 통해 연구문제가 도출된다.

④ 가설은 창의적 해석이 가능하도록 개방적으로 구성되어야 한다.

⑤ 가설은 검증이 가능해야 한다.

⑥ 가설은 변수 간의 관계를 가정하는 문장이다.

⑦ 가설이란 둘 이상의 변수들 간의 관계를 예측하는 진술이다.

⑧ 가설은 경험적으로 검증할 수 있어야 한다.

⑨ 가설은 방향성을 가져야 한다.

⑩ 영가설은 변수 간의 관계가 존재한다는 가설이다.

⑪ 영가설은 변수 간 관계없음이 검증된 가설이다.

⑫ 영가설은 조사자가 검증하고자 하는 가설이다.

⑬ 영가설에 대한 반증가설이 연구가설이다.

⑭ 영가설은 변수 간 관계가 우연임을 말하는 가설이다.

⑮ 영가설은 독립변수가 종속변수에 영향을 미치지 않는다고 가정한다.

⑯ 영가설은 독립변수가 종속변수에 영향을 미치지 않는다고 가정한다.

⑰ 연구가설은 이론으로부터 도출된다.

◆ 변수

① 변수는 직접 관찰할 수 있는 것들만 측정한 것이다.

② 변수는 경험적으로 측정할 수 있는 개념이다.

③ 변수는 조작적 정의의 결과물이다.

④ 변수는 두 개 이상의 속성을 가져야만 한다.

⑤ 변수는 연속형 또는 비연속형으로 측정될 수 있다.

⑥ 모든 변수는 개념이 아니지만 모든 개념은 변수다.

⑦ 독립변수가 종속변수를 시간적으로 앞서야 한다.

⑧ 독립변수와 종속변수가 일정한 방식으로 같이 변해야 한다.

⑨ 독립변수와 종속변수의 관계가 허위적 관계이어야 한다.

〈 정답 〉
• 개념적의와 조작적 정의 – ①②③⑤⑧
• 가설 – ⑩⑪⑫⑬
• 변수 – ①⑥⑨

제4장 조사설계와 인과관계

1. 조사설계

(1) 조사설계의 개념
- 조사문제에 대한 해답을 얻거나 가설검증을 위해 자료를 수집하고 분석하는 계획
- 조사목적을 달성하기 위해 조사를 수행하고 통제하기 위한 계획과 전반적 과정

(2) 조사설계의 목적
- 연구자에게 타당하고 객관적인 조사문제의 해답을 제공함
- 변수간의 관계가 검증될 수 있도록 만듦
- 관찰이나 분석의 방향을 제시함
- 통계분석의 방법을 제시함

2. 조사설계의 타당도

(1) 내적타당도
○ 내적타당도의 개념
- 실험설계에 있어 내적타당도(Internal Validity)는 인과관계의 정확성을 의미함
  - 연구를 통해 나타난 결과가 가설에 제시되어 있는 독립변수가 종속변수의 원인인지 아닌지 또는 독립변수의 영향으로 인해 종속변수의 변화가 나타난 것인지를 정확하게 기술하고 있다고 확신하는 정도
  - 원인과 결과 사이에 존재하는 것으로 추정된 인과관계 추론의 정확성 정도
- 종속변수의 변화가 순수하게 독립변수의 영향에 의해서 나타난 것이라면 내적타당도가 높다고 할 수 있음
  - 일반적으로 인과관계 성립조건에서 제시하였던 공변성, 시간적 우선성, 통제성을 모두 충족시키고 있다면 내적 타당성이 있는 것으로 간주함

- 그러므로 독립변수와 종속변수 간에 다른 변수의 영향이 개입되지 않도록 조사설계가 이루어져야 함

○ **내적타당도의 저해요인**

• 우연한 사건
- 외적 사건 또는 역사(history)요인으로 불리기도 하며, 조사자의 의도와 관계없이 발생하여 종속변수에 영향을 미칠 수 있는 외부사건을 의미함. 독립변수의 영향과 시간적으로 일치하여 연구결과를 저해하는 경우
- 조사기간이 길수록 외적 사건의 영향을 받아 조사설계의 내적타당도에 영향을 줄 가능성이 커짐

• 시간적 경과, 성숙(maturation)
- 조사기간 또는 사전검사와 사후검사 기간 사이에 조사 대상의 특성이 변화함으로써 종속변수에 영향을 미치는 경우를 의미함. 즉, 개인의 신체적·심리적 변화가 조사결과에 영향을 미칠 수 있음
- 아동의 경우 빠른 성장의 영향이 있을 수 있으며, 노인의 경우에는 급속한 노화가 영향을 미칠 수도 있음. 그러므로 단일집단을 대상으로 한 실험설계를 통해서는 성장효과의 통제가 불가능하므로 실험집단과 통제집단(비교집단)을 동시에 설정하고 조사대상을 무작위로 배치할 필요성이 제기됨

• 검사효과(testing)
- 사전검사가 사후검사에 영향을 미치게 되어 종속변수에 변화를 초래하는 것을 의미함
- 실험의 실시 전·후에 유사한 검사를 반복하는 경우에 프로그램 참여자들이 사후검사의 측정값에 영향을 미치는 현상

• 도구효과(instrumentation)
- 사전검사와 사후검사에서 종속변수를 측정하기 위해 사용하는 검사도구의 문제로 인해 독립변수가 종속변수에 영향을 미치는 현상
- 실험집단에 대한 사전·사후검사 결과에 차이가 많이 있는데, 사후검사의 검사도구가 쉬웠다면 그 차이가 실험에 의한 것인지 검사도구의 변화에 의한 차이인지 알 수 없음

• 통계적 회귀(statistical regression)
- 같은 현상을 반복해서 측정하면 그 값들이 평균값으로 수렴하는 통계학적 특성이 나타나는데, 이처럼 사전검사에서 종속변수의 값이 극단적인 경우에 사후측정에서 독립변

수의 영향과 관계없이 평균값으로 근접하려는 경향

- 종속변수의 값이 가장 높거나 가장 낮은 극단적인 사례들을 실험집단으로 선택했을 경우, 실험 이후에 측정한 종속변수의 값들은 평균값으로 회귀하여 독립변수에 의한 효과를 정확하게 평가할 수 없게 만드는 현상

• 표본의 편중
- 조사 대상 집단의 대상자를 선정하는데 있어서 실험결과에 영향을 미칠 수 있는 요인이 이미 작용한 사람들을 선택하는 경우에 나타날 수 있는 현상으로 표본선택의 편의라고 불리기도 함
- 실험집단과 통제집단 구성원을 표집하는 단계에서 상이하기 때문에 나타나는 실험효과의 왜곡현상이며, 조사자의 임의적 판단에 의해 배치했을 경우나 자발적인 참여자로 구성되었을 때 발생할 가능성이 큼
- 사회복지현장에서 서비스 이용에 대해 부정적인 생각을 가지고 있는 사람들과 비교할 때 일반적으로 발생함
- 표본의 편중에 의한 내적타당도 저해를 막기 위해서는 무작위 표본추출을 통한 집단배치가 이루어지도록 설계되어야 함

• 실험대상의 변동(experimental mortality)
실험대상으로 선정되었던 일부 대상자가 조사기간 중에 이사, 사망, 질병, 기타 이유 등으로 탈락하는 경우에 나타나는 왜곡현상을 의미함

• 선택과의 상호작용
- 표본선택의 편의(치우침)와 다른 내적타당도 저해요인과의 상호작용이 일어나서 종속변수의 변화 원인을 분명하지 않게 만드는 현상
- 표본선택의 편의와 외적사건(역사요인)의 상호작용, 표본선택의 편의와 성장효과의 상호작용이 문제가 됨
  예) 아동 가운데 남아를 통제집단으로, 여아를 실험집단으로 구분하여 조기영어 프로그램을 후 사후검사 결과 여아들에게 더 효과가 높은 것으로 나타남. 실험집단으로 선정된 여아의 언어습득능력의 발달이 남아보다 상대적으로 빠른 경우 성장효과 영향일 수도 있음

○ 내적 타당도 저해요인을 통제하는 방법

• 무작위 할당: 연구대상자들을 실험집단과 통제집단에 무작위로 배치하는 방법
• 배합/ 짝짓기: 무작위 할당이 어려울 때, 차선책으로 연구주제에 영향을 미칠 것이라고 여겨지는 속성을 실험집단과 통제집단에 동일하도록 만드는 방법
• 통계적 통제: 사후에 통계적으로 통제하는 방법

(2) 외적타당도

○ **외적타당도(External Validity)의 개념**

조사결과를 다양한 시점, 대상 및 상황, 지역 등에 일반화 할 수 있는 정도를 의미함

○ **외적타당도를 높이는 방법**

• 확률표집방법에 의해 조사대상자를 선정하거나 표본크기를 늘려 표본의 대표성을 높임
• 조사반응성(자신이 조사대상자라는 인식)이 유발되지 않도록 함
• 호손효과나 플라시보 효과를 통제하기 위해 통제집단을 추가함
• 조사상황을 일반적인 환경과 유사하게 설정함

(3) 내적타당도와 외적타당도의 관계

• 내적 타당도가 높다고 해서 반드시 외적 타당도가 높은 것은 아님
• 내적 타당도는 외적 타당도의 필요조건이지 충분조건은 아님

3. 인과관계 관련개념

(1) 인과관계와 실험설계

• 인과관계를 밝히는 것은 과학적 탐구의 목표가 될 수 있으며 타당한 논리적 과정을 제시함으로 지식이나 이론을 확립하는데 중요한 기반이 됨
• 인과관계는 원인과 결과의 관계로 다양한 사회문제나 현상에 대하여 왜 그렇게 나타났는지에 대하여 원인이나 설명요인을 찾고자 함
• 실험설계는 실험을 통하여 수집된 독립변수와 종속변수간의 인과관계를 밝혀내는 조사설계를 말함

- 독립변수와 종속변수 사이에 인과관계가 성립하기 위해서는 적어도 공변성, 시간적 우선성, 통제성(가식적 관계의 배제) 등의 3가지 조건을 충족해야 함

(2) 인과관계의 성립요건
○ 시간적 우선성
- 독립변수는 시간상으로 종속변수보다 선행하여 발생해야 한다는 것
- 원인적 요인의 발생은 결과적 요인의 발생보다 시간적으로 선행하거나 거의 동시에 일어나야 함

○ 공변성
- 원인과 결과를 추정하기 위하여 서로 간의 논리적 · 경험적 연관성이 인정되어야 한다는 것을 의미함
- 독립(원인)변수와 종속(결과)변수는 경험적으로 상관관계가 있어야 함

○ 통제성
- 독립변수와 종속변수 사이에 측정된 관계는 두 변수와 관련되어 있는 제3의 변수에 의한 영향으로 설명되어서는 안 된다는 것
- 인과관계에 영향을 줄 수 있는 왜곡요인이나 통제요인을 조사설계 과정에서 제대로 반영하지 않으면 정확한 인과관계의 산출이 왜곡될 수 있으므로 제3의 변수에 대한 통제방법을 고려해야 함

上·中·下

01) 조사설계의 타당성에 관한 설명으로 옳은 것은? (14회 기출)

① 내적 타당도와 외적 타당도는 서로 필요조건의 관계에 있다.

② 조사대상의 성숙은 외적 타당도에 영향을 미치는 요인이다.

③ 동일한 프로그램의 효과성이 서울과 제주에서 같지 않은 것은 외적 타당도의 문제이다.

④ 외적 타당도는 연구결과에 대한 대안적 설명 가능성 정도를 의미한다.

⑤ 특정 프로그램의 효과를 확인하기 위해 연구의 외적 타당도를 확보해야 한다.

해설

외적 타당도는 연구의 결과를 다른 대상이나 상황에도 일반화시켜 적용할 수 있는 정도를 의미한다. 동일한 프로그램의 효과성이 서울과 제주에서 같지 않은 것은 외적 타당도의 문제이다.

〈 정답 ③ 〉

上·中·下

02) 다음 연구설계의 내용에서 확인될 수 있는 내·외적 타당도 저해요인에 관한 설명으로 옳은 것은? (12회 기출)

① 우연한 사건이 내적 타당도를 저해하고 있다.

② 도구효과가 내적 타당도를 저해하고 있다.

③ 실험대상자의 상실(attrition)이 외적 타당도를 저해하고 있다.

④ 성숙효과가 내적 타당도를 저해하고 있다.

⑤ 선택효과가 외적 타당도를 저해하고 있다.

해설

성숙효과는 시간의 경과에 따라 조사대상자에 나타나는 생리적 또는 심리적 발달로 실험결과에 영향을 주는 것이다.

〈 정답 ④ 〉

조사설계와 인과관계

다음 문장에서 틀린 것을 모두 고르시오.

◆ 조사설계의 타당도

① 동일한 프로그램의 효과성이 서울과 제주에서 같지 않은 것은 외적 타당도의 문제이다.

② 성숙효과가 내적 타당도를 저해하고 있다.

③ 내적타당도는 실험요인 이외의 대안적 설명을 배제하고자 한다.

④ 내적타당도는 인과관계에 대한 확신의 정도와 관련 있다.

⑤ 내적타당도는 우연한 사건의 영향을 배제하는 것이 필요하다.

⑥ 내적타당도는 통계적 회귀효과를 배제하는 것이 필요하다.

⑦ 내적 타당도와 외적 타당도는 서로 필요조건의 관계에 있다.

⑧ 조사대상의 성숙은 외적 타당도에 영향을 미치는 요인이다.

⑨ 외적 타당도는 연구결과에 대한 대안적 설명 가능성 정도를 의미한다.

⑩ 특정 프로그램의 효과를 확인하기 위해 연구의 외적 타당도를 확보해야 한다.

⑪ 우연한 사건이 내적 타당도를 저해하고 있다.

⑫ 도구효과가 내적 타당도를 저해하고 있다.

⑬ 실험대상자의 상실(attrition)이 외적 타당도를 저해하고 있다.

⑭ 선택효과가 외적 타당도를 저해하고 있다.

⑮ 내적타당도는 일반화 가능성에 관한 것이다.

◆ 인과관계

① 독립변수가 종속변수를 시간적으로 앞서야 한다.

② 독립변수와 종속변수가 일정한 방식으로 같이 변해야 한다.

③ 독립변수와 종속변수의 관계가 허위적 관계이어야 한다.

〈 정답 〉

• 조사설계의 타당도 – ⑦⑧⑨⑩⑪⑫⑬⑭⑮

• 인과관계 – ③

제5장 조사설계의 유형

1. 실험연구의 개념과 필요성

(1) 실험연구의 개념
- 사회복지를 위해 필요한 정보는 크게 설문지를 통해 묻는 방식으로 얻거나 실험을 통해 얻거나 관찰과 면접을 통해 얻음
- 사회복지조사에서 실험연구의 실험은 주로 프로그램이나 개입을 의미함. 사회복지실험연구에서 필요한 정보는 주로 프로그램 개입의 효과성에 있음

(2) 실험연구의 필요성
- 사회복지실천의 책임성을 확보하기 위해서는 개입이나 프로그램의 효과성을 검증해야 함
- 개입이나 프로그램의 효과성을 검증하기 위해 가장 적합한 조사연구 방법

(3) 실험연구의 종류
- 집단실험설계: 순실험설계, 유사실험설계, 전실험설계 등
- 단일사례설계: AB설계, ABAB설계, ABCD설계, 다중기초선 설계 등

2. 집단실험설계

(1) 순수실험설계(진실험설계,pure experimental design)
- 실험의 기본 요소인 독립변수의 조작, 외생변수의 통제, 무작위 배정을 모두 충족함으로써 실험조사연구 중 인과관계를 확인할 수 있는 가장 이상적인 방법
- 연구대상을 무작위 배정으로 실험집단과 통제집단으로 배정하고, 독립변수를 실험집단에만 도입하고 통제집단에는 도입하지 않고, 두 집단 간 종속변수의 변화를 비교하여 인과관계를 확인하는 것
- 내적 타당도의 저해요인에 대한 통제가 가능하여 매우 이상적인 설계유형이지만 사회복지

실천 현장에서는 독립변수의 조작 등으로 인한 윤리적 측면을 비롯하여 통제집단과 실험집단을 무작위로 배정하는 것의 어려움 등 현실 적용의 한계가 존재함

○ **통제집단 사전사후검사 설계**(control-group pretest-posttest design)
• 인과관계 추정을 위한 가장 전형적인 방법, 연구대상을 실험집단과 통제집단에 무작위로 배치하고, 실험집단에 독립변수를 도입하기 전에 양 집단에 사전검사를 실시함. 다음으로 실험처치 이후 양 집단에 사후검사를 실시하여 두 결과 간의 차이를 비교하는 설계유형
• 내적 타당도가 높은 설계유형이나 사전검사에 의한 검사효과가 발생할 수 있어 내적 타당도를 저해할 수 있으며, 상호작용 시험효과로 인해 일반화시키기 어려운 외적 타당도 문제가 발생할 수 있다는 한계를 가짐

실험집단 : R O_1 X O_2
통제집단 : R O_3 O_4

※ R: 무작위할당, X: 독립변수의 도입, O: 종속변수의 관찰

○ **통제집단 사후검사 설계**(control-group posttest design)
• 통제집단 사전사후검사 설계의 검사효과와 상호작용 시험효과를 배제하기 위해 사전검사를 실시하지 않고, 실험집단에 바로 독립변수 도입. 양 집단에 사후검사를 실시하여 두 결과 간의 차이를 비교하는 설계유형
• 두 집단을 무작위 배정함으로써 선택의 편의도 통제 가능하여 내적 타당도를 높일 수 있지만, 사전검사를 하지 않음으로써 인해 종속변수의 변화를 최초의 상태와 비교할 수 없는 한계를 가짐

실험집단 : R X O_1
통제집단 : R O_2

○ **솔로몬 4집단 설계**(solomon four group design)
• 통제집단 사전사후검사 설계와 통제집단 사후검사 설계를 혼합한 형태이며, 내적 타당도

가 가장 높은 설계유형

- 사전검사효과를 통제함으로써 내적 타당도와 외적 타당도를 높일 수 있는 설계방법으로서 가장 이상적인 설계방법임. 하지만 사회복지 현장에서 4개의 집단 무작위 배정으로 구성하고 실행하는 것이 현실적으로 어려움. 또한 4개의 집단을 운영하고 통제하는 데 있어서 많은 비용이 소요되고 운영하기가 매우 복잡하다는 단점이 있음

실험집단 : R O_1 X O_2
통제집단 : R O_3 O_4
실험집단 : R   X O_5
통제집단 : R O_6

(2) 유사실험설계(quasi-experimental design): 준실험설계, 의사실험설계

- 실험설계의 기본요소인 부작위 할당, 통제집단, 독립변수의 조작, 사전·사후검사 중 한두 가지가 결여된 설계유형
- 무작위 배정이 어려운 경우 대안적인 방법을 통해 통제집단의 효과를 갖도록 하는 설계방법
- 실험집단과 통제집단을 구분하지 않음으로 인해 집단 간 동질성을 담보하지 못하기 때문에 내적 타당도를 확보하기 어렵다는 한계를 가지지만, 실험에 대한 통제가 비교적 적기 때문에 순수실험설계에 비해 외적 타당도는 높은 편
- 사회복지 분야에서 무작위 배정 적용이 어려운 경우에 대안적 방법으로 활용되고 있음

○ 단순시계열 설계(시간연속 설계: time-series design)

- 통제집단을 두지 않고 실험집단을 대상으로 독립변수를 도입하기 전후에 일정 기간을 두고 몇 차례 종속변수를 측정하여 점수 또는 경향을 조사하는 방법
- 비교적 높은 내적 타당도를 가지지만 통제집단을 사용하지 않기 때문에 종속변수의 변화가 우연한 사건 등의 영향을 받을 가능성을 배제하지는 못함

실험집단 : O_1 O_2 O_3 O_4 X O_5 O_6 O_7 O_8

○ **복수 시계열 설계(다중 시계열 설계, multiple time-series design)**

• 단순시계열 설계의 우연한 사건 등에 의한 내적 타당도 문제를 개선하기 위하여 통제집단을 추가한 설계유형

• 비동일통제집단 사전사후검사 설계에서 사전검사와 사후검사를 여러 차례 실시하는 것

• 통제집단을 사용함으로써 내적 타당도 저해요인을 크게 감소시킬 수 있지만, 무작위 배정을 하지 않음으로써 실험집단과 통제집단이 이질적인 가능성이 크다는 한계를 가짐

$$
\begin{array}{ll}
\text{실험집단:} & O_1 \ O_2 \ O_3 \ \ X \ \ O_4 \ O_5 \ O_6 \\
\text{통제집단:} & O_7 \ O_8 \ O_9 \quad\quad O_{10} \ O_{11} \ O_{12}
\end{array}
$$

○ **비동일 통제집단 설계(non-equivalent control group design)**

• 순수실험계의 통제집단 사전사후검사 설계와 유사하지만 무작위 배정을 하지 않은 점에서 차이가 있음

• 사회복지 현장에서 프로그램의 효과성을 평가하는 데 많이 활용됨

• 연구실행 환경에 비교적 쉽게 적용할 수 있다는 장점이 있지만 무작위 배정이 이루어지지 않아 두 집단의 초기 상태가 동일하지 않을 가능성이 큼

$$
\begin{array}{ll}
\text{실험집단:} & O_1 \quad\quad X \quad\quad O_2 \\
\text{통제집단:} & O_3 \quad\quad\quad\quad\ O_4
\end{array}
$$

(3) 전실험설계(pre-experimental design): 원시실험설계, 선실험설계

• 무작위 배정을 하지 않고 조사대상자를 선정하고 통제집단을 갖추지 못하는 상황에서 선택하는 가장 낮은 수준의 설계유형

• 내적 타당도와 외적 타당도를 거의 통제하지 못하기 때문에 인과적 추론에 한계를 가짐

• 하지만 이러한 한계에도 불구하고 현실적으로 순수실험설계나 유사실험설계를 활용할 수 없을 때 대안적인 방법으로 활용됨

• 전실험설계의 종류에는 일회 사례 설계, 단일집단 사전사후검사 설계, 정태적 집단 비교 설계 등이 있음

○ **1회 사례설계**(one-shot case study): **단일집단 후 비교설계**
- 집단에 실험개입을 실시한 후 사후검사에 종속변수를 측정하는 설계유형
- 사전검사를 실시하지 않고 통제집단도 설정하지 않기 때문에 객관적으로 확인할 방법이 전혀 없음. 따라서 선험적 경험이나 전문가의 판단에 의존할 수밖에 없으며, 어떤 내적 타당도도 통제하지 못하기 때문에 인과관계를 검증한다는 것은 불가능함

실험집단 :	X	O

○ **단일집단 사전사후검사 설계**(one-group pretest-posttest design)
- 조사대상에게 사전검사를 실시하고 독립변수를 개입한 후 사후검사를 실시하는 설계유형
- 내적 타당도 저해요인 중 우연한 사건, 상호작용 시험효과, 성숙 및 검사효과, 통계적 회귀 등을 통제하지 못함. 따라서 인과관계를 추정하거나 다른 상황에까지 결과를 일반화시키는 데 한계를 가짐

실험집단 :	O_1	X	O_2

○ **정태적 집단 비교 설계**(비동일집단 사후검사 설계, statistic group comparison design)
- 조사대상을 임의로 두 개의 집단으로 나누어 실험집단과 통제집단으로 구분하여 사후 측정 결과를 비교하는 설계유형
- 무작위 할당이 아니므로 선정상의 편의가 독립변수조작과 상호작용을 할 수 있음

실험집단 :	X	O_1
통제집단 :		O_2

3. 단일사례설계

(1) 단일사례설계의 개념

- 하나의 사례를 대상으로 개입의 효과를 검증하는 실험설계의 일종
- 하나의 사례라고 해서 반드시 한 사람만을 대상으로 한다는 것은 아님
- 사회복지실천현장에서 이루어지고 있는 개별사례를 대상으로 한 개입의 효과를 검증하기 위해 필요함

(2) 단일사례설계의 특성
- 한 사례(개인 · 가족 · 집단 · 조직 등)에 시계열설계를 적용한 형태
- 연구의 대상이 하나의 사례에 국한되기 때문에 외적 타당도에 문제가 있음
- 단일사례연구만으로 인과관계를 확신하기는 어려움
- 가설의 검증이 아니라 어떤 표적행동에 대한 개입효과성을 분석하는 데 있음
- 하나의 대상 또는 사례를 가지고 반복적인 측정을 통해 개입효과를 평가하는 데 있음
- 기본적인 구성: 기초선단계(A), 개입단계(B)

(3) 단일사례설계의 유형
- AB설계: 가장 기본적인 설계이며 내적 타당도가 가장 낮음
- ABA설계: AB설계에 개입한 후 또 하나의 기초선 A를 추가한 설계
- ABAB설계: AB설계에 외생변수를 보다 효과적으로 통제하기 위해 제2기초선(A)과 제2 개입단계(B)를 추가하는 설계
- BAB설계: 기초선 없이 일단 개입부터 실시한 후에 개입을 중단하는 기초선단계(A)를 도입한 후 다시 개입을 재개(B)하는 설계
- ABCD설계(다중요소설계, 복수요소설계): 개입효과가 나타나지 않을 경우 개입의 강도를 변화시키거나 개입방법 자체를 변경하는 설계
- 다중기초선설계(복수기초선설계): 하나의 동일한 개입방법을 여러 문제, 대상, 상황에 적용하여 개입의 효과성을 파악하는 설계

(4) 개입효과의 분석
- 시각적 분석: 기초선의 수준과 개입선의 변화를 그래프에서 시각적으로 분석함
- 통계적 분석: 평균비교방법이 단순히 기초선의 변화 폭만을 고려한다면, 경향선 분석은 변화의 폭과 더불어 기울기까지를 동시에 고려함
- 실질적 분석: 개입을 통해 나타난 변화의 크기를 임상적 기준에서 분석함

上·中·**下**

01) 실험설계의 내적타당도에 관한 설명으로 옳은 것을 모두 고른 것은?　　　(18회 기출)

> ㄱ. 우연한 사건은 내적타당도에 부정적 영향을 미칠 수 있다.
>
> ㄴ. 사전점수가 매우 높은 집단을 선정하면 내적타당도를 저해한다.
>
> ㄷ. 내적타당도가 높은 연구 결과는 일반화 가능성이 높다.

① ㄱ　　　　② ㄴ　　　　③ ㄱ, ㄴ　　　　④ ㄴ, ㄷ　　　　⑤ ㄱ, ㄴ, ㄷ

해설

연구 결과의 일반화 가능성은 외적 타당도를 의미한다. 내적타당도가 높다고 해서 외적 타당도가 높은 것은 아니다.

〈 정답 ③ 〉

上·中·**下**

02) 단일사례설계의 개입효과에 관한 설명으로 옳지 않은 것은?　　　(18회 기출)

① 개입 후 변화의 파동이 심하면 효과 판단이 어렵다.
② 기초선이 불안정할 경우 기초선의 경향선을 이용하여 통계적으로 개입효과를 판단한다.
③ 기초선에서 개입기간까지의 경향선을 통해 시각적으로 개입효과를 판단한다.
④ 기초선과 개입기간 두 평균값의 통계적 검증을 통해 개입효과를 판단한다.
⑤ 개입 후 상당한 기간이 지나 최초의 변화가 발생할 경우 개입효과가 있다고 판단한다.

해설

개입 후 상당한 기간이 지나 변화가 발생할 경우 그것이 개입으로 인한 효과인지 다른 요인으로 인한 효과인지 판단하기가 매우 어려워진다.

〈 정답 ⑤ 〉

조사설계의 유형
다음 문장에서 틀린 것을 모두 고르시오.

◆ 순수실험설계

① 실험설계에서 우연한 사건은 내적타당도에 부정적 영향을 미칠 수 있다.

② 실험설계에서 사전점수가 매우 높은 집단을 선정하면 내적타당도를 저해한다.

③ 실험설계에서 내적타당도가 높은 연구 결과는 일반화 가능성이 높다.

④ 순수실험설계는 통제집단, 무작위 할당, 독립변수 조작, 사전·사후검사 등을 갖추고 있다.

⑤ 순수실험설계는 통제집단사전사후검사설계가 그 예이다.

⑥ 순수실험설계는 유사실험설계보다 내적 타당도가 낮다.

⑦ 순수실험설계는 실험집단과 통제집단을 무작위로 배정한다.

⑧ 순수실험설계는 통제집단에는 실험처지가 이루어지지 않는다.

⑨ 솔로몬 4집단 설계는 4개의 집단으로 구성한다.

⑩ 솔로몬 4집단 설계는 사후측정만 하는 집단은 2개이다.

⑪ 솔로몬 4집단 설계는 검사와 개입의 상호작용효과를 도출할 수 있다.

⑫ 솔로몬 4집단 설계는 통제집단사전사후검사설계와 비동일비교집단설계를 합한 형태 이다.

⑬ 순수실험설계는 무작위 할당을 활용해야 한다.

⑭ 순수실험설계가 준(유사)실험설계에 비해 내적 타당도가 높다.

⑮ 솔로몬 4집단설계는 통제집단사전·사후검사설계와 통제집단사후검사설계를 결합한 것 이다.

⑯ 통제집단사후검사설계는 무작위할당으로 통제집단과 실험집단을 나누고 실험집단에만 개입을 한다.

◆ 유사실험설계 / 전실험설계 / 단일사례설계

① 정태적(static) 집단비교설계는 실험집단과 개입이 주어지지 않은 집단을 사후에 구분해서 종속변수의 값을 비교한다.

② 비동일통제집단설계는 임의적으로 나눈 실험집단과 통제집단 간의 교류를 통제한다.

③ 복수시계열설계는 실험집단과 통제집단에 대해 개입 전과 개입 후 여러 차례 종속변수를 측정한다.

④ 준(유사)실험설계에는 사전 측정이 있어야 한다.

⑤ 준(유사)실험설계에는 두 개 이상의 집단이 필요하다.

⑤ 단일집단사전사후검사설계는 전 실험설계이다.

⑥ 단순시계열설계는 실험효과를 파악하기 위해 개입 이후에는 1회만 관찰한다.

⑦ 단순시계열설계는 검사(test)와 개입의 상호작용 효과에 대한 통제가 용이하다.

⑧ 단순시계열설계는 선실험(pre-experimental)설계 중 하나이다.

⑨ 단순시계열설계는 통제집단을 포함하여 비교한다.

⑩ 단순시계열설계는 종속변수의 변화를 추적·비교할 수 있다.

⑪ 단일사례설계는 기초선 국면과 개입 국면이 있다.

⑫ 단일사례설계는 연구대상과 개입방법은 여러 개가 될 수 없다.

⑬ 단일사례설계는 조사연구 과정과 실천 과정의 통합이 가능하다.

⑭ 단일사례설계는 경향과 변화를 파악하도록 반복 관찰한다.

⑮ 단일사례설계는 통계적 원리를 적용하여 분석할 수 있다.

⑯ 단일사례설계는 단일사례로서 개인, 가족, 단체 등이 분석대상이다.

⑰ 단일사례설계는 여러 명의 조사대상자들에게 개입시기를 다르게 하면 우연한 사건효과를 통제할 수 있다.

⑱ 단일사례설계는 기초선으로 성숙효과를 통제할 수 있다.

⑲ 단일사례설계는 측정을 위한 비관여적 관찰도 가능하다.

⑳ 단일사례설계는 비반응성 연구의 한 유형이다.

㉑ 단일사례설계에서 개입 후 변화의 파동이 심하면 효과 판단이 어렵다.

㉒ 단일사례설계에서 기초선이 불안정할 경우 기초선의 경향선을 이용하여 통계적으로 개입 효과를 판단한다.

㉓ 단일사례설계에서 기초선에서 개입기간까지의 경향선을 통해 시각적으로 개입효과를 판단한다.

㉔ 단일사례설계에서 기초선과 개입기간 두 평균값의 통계적 검증을 통해 개입효과를 판단한다.

㉕ 단일사례설계에서 개입 후 상당한 기간이 지나 최초의 변화가 발생할 경우 개입효과가 있다고 판단한다.

제6장 표집(표본추출)

1. 표집과 표본설계

(1) 표집(sampling)의 개념
- 모집단(연구대상) 가운데 자료를 수집할 일부 대상을 표본으로 선택하는 과정을 말함
- 전체 대상 중 표본에 대한 자료를 바탕으로 모집단 전체의 특성을 추정하게 됨
- 표본을 추출하는 과정을 표본추출 또는 간단히 표집이라고 함

(2) 표집의 장단점
○ 표집의 장점
- 경제성: 전수조사에 비해 적은 비용으로 신뢰할 만한 정보를 확보할 수 있음
- 신속성: 신속하고 시의성 있는 결과를 얻을 수 있음
- 가능성: 모집단 전체를 파악할 수 없는 경우가 있고, 수가 너무 많아서 조사가 현실적으로 불가능할 수 있으므로 표본을 사용함
- 정확성: 표본조사는 훈련된 면접자가 소수를 대상으로 조사하므로 전수조사에 비해 자료 수집과정에서 발생할 수 있는 비표집오차를 줄여 정확도를 높일 수 있음
- 응답률: 응답자로부터 높은 응답률과 협조를 받을 수 있음
- 신뢰도: 전수조사를 하기 위해서는 상당수의 면접자 또는 조사자가 필요하기 때문에 조사자 간의 신뢰도 문제가 발생할 가능성이 높음

○ 표집의 단점
- 모집단을 대표할 수 있는 표본을 찾기 어려움. 표본은 모집단의 부분집합으로서 대표성을 가져야 하는데, 표본이 모집단을 대표하지 못할 경우 일반화 가능성이 낮아짐
- 모집단의 크기가 작은 경우에는 표집의 의미가 별로 없음
- 표본설계가 복잡한 경우에는 시간과 비용이 더 소요될 수 있고, 표본설계가 잘못된 경우에는 오차가 크게 발생할 수 있음

2. 표집관련 용어

(1) 요소(표집요소, sampling element)
- 자료나 정보를 수집하는 기본 단위로, 자료분석시 분석단위와 일치하는 경우가 많음
- 우리가 관심을 가지는 현상에 대한 정보를 수집하는 단위이며 요소들의 총합이 모집단
  예) 사회복지사에 대한 조사를 한다고 할 때 요소는 개별사회복지사는 개인이고, 사회복지사 전체가 모집단이 됨

(2) 모집단(population)
- 연구대상이 되는 집단 전체를 말하며 시간, 공간, 자격을 구체화시켜 정의해야 함
- 모집단 가운데 표본이 실체로 추출되는 모집단을 연구 모집단(study population) 또는 조사 모집단(survey population)이라고 함

(3) 표집단위(표본추출단위)
- 표본이 추출되는 각 단계에서 표본으로 추출한 요소들을 담고 있는 묶음
- 일반적으로 표집단위는 분석단위와 일치하지만 방법에 따라 일치하지 않는 경우도 있음

(4) 표집틀(표본추출틀)
- 표본이 실제로 선정되는 표본추출단위의 실제목록 또는 모집단의 전체목록
- 한 고등학교 학생들 중 일부를 표본으로 추출한다면 학생들의 출석부나 학생명부 등이 표집틀이 될 수 있음
- 표집틀에서 중요한 것은 표집틀이 모집단을 잘 대표할 수 있어야 함

(5) 관찰단위(observation unit)
- 자료수집단위로 연구에 필요한 정보를 직접 수집하는 개별요소 또는 요소의 총합체이자 자료수집단위
- 일반적으로 관찰단위와 분석단위는 일치하지만 항상 일치하지는 않음
  예) 영아의 애착행동을 조사하기 위해 어머니를 면접하는 경우도 분석단위는 영아이지만 관찰단위는 어머니가 됨. 그러나 영아의 애착행동을 조사하기 위해 영아를 직접 관찰했다면 이 경우는 분석단위도 관찰단위도 모두 영아가 됨

(6) 모수(parameter)

- 모집단의 특성을 수치로 표현한 것으로 모집단의 속성을 나타내는 값
- 대부분의 사회조사연구는 전수조사가 아니라 표본조사를 하기 때문에 모수는 표본의 수치 (통계치)를 통해 예측됨

  예) 한 도시의 범죄율이나 가구소득 등

(7) 통계치(statistic)

- 모집단에서 추출된 표본의 변수를 요약하여 기술한 수치
- 연구자는 표본조사를 통해 구한 통계치를 바탕으로 모수를 추정함

3. 표본설계의 과정

모집단 확정 → 표집틀 선정 → 표집방법 결정 → 표집크기 결정 → 표본추출

(1) 모집단 확정

- 조사연구의 대상이 되는 모집단을 결정하는 단계
- 모집단을 규정하기 위해 연구대상, 표본추출단위, 조사범위와 기간 등을 확정해야 함

(2) 표집틀 결정

- 모집단이 결정되고 나면 실제로 조사 가능한 표본추출 틀을 결정하고, 이러한 표본추출틀 (sampling frame)이 모집단을 대표하는가를 평가해야 함
- 모집단과 표집틀이 일치하지 않을 때 표본추출 틀 오차가 발행함

(3) 표집방법 결정

- 표본추출 틀이 결정되면 어떤 방법으로 모집단을 대표할 수 있는 표본을 확보할 것인지에 대한 검토가 있어야 함
- 대표성은 추출된 표본의 특성이 모집단의 집합적 특성과 일치하는 정도를 의미하는데, 대표성을 갖추기 위해서는 충분한 표본의 크기와 타당한 표본설계가 필요함
- 표본의 크기는 모집단의 동질성, 표본추출의 방법, 신뢰도 등에 따라 달라짐

(4) 표본크기 결정

- 표본추출이 결정되었으면 모집단의 크기, 모집단의 성격, 연구목적 및 방법, 측정의 신뢰수준, 측정의 정확성, 조사기간과 비용, 조사인력 등을 고려하여 적정수준으로 표본의 크기를 결정해야 함
- 표본의 크기란 모집단으로부터 추출한 표본추출단위의 총수이며, 타당한 표본의 크기는 모집단의 성격과 연구의 목적에 의해 달라짐

(5) 표본추출

결정된 표집방법으로 모집단에서 적절한 분량의 표본을 수집함

4. 표집방법

(1) 확률표집방법

- 무작위 선정절차를 따르며, 모집단의 요소가 표본으로 선정될 확률을 사전에 미리 알 수 있도록 하는 표본선정방법
- 조사자의 편견이 포함되지 않아 객관성을 유지하고 대표성을 높일 수 있으며 뽑힐 확률이 동일함

○ 단순 무작위표집(simple random sampling)
- 가장 기본적인 유형으로 모집단에서 표집단위에 번호를 할당하여 조사자가 일정한 유형 없이 단순히 무작위로 뽑는 방법
- 장점: 전 대상은 모두 표본으로 선택될 확률이 동일함
- 단점: 모집이 크거나 표본의 수가 클 경우에는 사용하기 어려움

○ 체계적 표집(계통적, 계층적/ systemic sampling)
- 일련번호를 붙인 표집틀을 마련하고 모집단 총수를 요구되는 표본 수로 나누어 표집간격 (k)을 구하며, 첫 번째 표집간격 안에 들어 있는 숫자 가운데 하나를 무작위로 선택하여 추출된 최초의 표본을 기준으로 정해진 표집간격(k)에 따라 추출하는 방법
- 장점: 모집단 전체에 걸쳐 보다 공평하게 표본이 추출되므로 모집단을 잘 대표할 수 있으며, 표본추출과정에서 시간과 노력을 절약할 수 있음

- 단점: 일정한 패턴이나 영향을 받아 체계적인 오류가 발생할 수 있음

○ **충화표집법**(stratified sampling)
- 모집단을 먼저 서로 중복되지 않는 여러 개의 층(하위집단)으로 분류한 후, 각 층에서 단순 무작위표집에 따라 표본을 추출하는 방법
- 층별 비교가 가능하고 조사대상의 표본추출 관리가 용이하며, 층간은 이질적이고 층 내에서는 동질적임
    - 비례충화표집: 각 하위집단에서 동일한 비율로 표본을 추출하는 방법
    - 비비례충화표집: 각 하위집단에서 차등비율로 표본을 추출하는 방법
- 장점: 어떤 집단도 제외하지 않고 표본에 포함시킬 수 있어 표본의 수가 줄더라도 정확하게 축정할 수 있음
- 단점: 모집단에 대한 지식이 필요하며, 각 계층의 명부가 필요하므로 과정이 복잡함

○ **집락표집**(군집표집, cluster sampling)
- 모집단을 여러 개의 집단들로 구분하여 이들 집단 중 일부를 선택하고, 선택된 집단 안에서만 표본을 무작위 추출하는 방법
- 대규모 조사에서는 모집단 전체에 대한 표집틀을 확보하기가 어렵고, 비용도 많이 들기 때문에 군집표집을 사용하고 선택된 집단에 대해 전수조사를 실시함
- 장점: 대규모 조사에서 시간과 비용을 절약할 수 있음
- 단점: 집락간의 동질성이 확보되지 않는다면 표집요차가 크게 발생할 수 있음

(2) 비확률 표집방법
- 모집단에 대한 지식·정보가 제한되어 있거나 모집단으로부터 선택될 확률이 미리 알려지지 않은 경우 사용함
- 모집단 자체의 범위를 한정할 수 없거나, 시간·비용·인력이 충분치 못한 경우, 확률표집에 대한 대안으로 비확률표집방법을 사용함
- 비확률표집방법은 연구과제가 전체 모집단의 특성에는 커다란 관심을 두지 않거나 질적 연구 설계에서 사용하는 경우가 많음
    예) 편의표집법, 유의표집법, 할당표집법, 눈덩이표집법 등

○ **편의표집**(convenience sampling): **임의표집, 우발적 표집, 가용표집**

- 모집단에 대한 정보가 전혀 없는 경우, 모집단의 구성요소들 간의 차이가 없다고 판단될 때, 조사자가 임의대로 확보하기 쉽고 편리한 표집단위를 표본으로 추출하는 방법
- 장점: 사회복지연구에서 유용하게 사용되는 경우가 많음. 특히 표본추출방법 중에서 비용과 시간 면에서 가장 효율적임
- 단점: 연구자의 주관에 의존하기 때문에 표본의 대표성 문제가 발생할 수 있으며 일반화하는 데 한계가 있음

○ **유의표집**(purposive sampling): **판단표집, 의도적 표집**

- 연구자의 판단으로 조사의 목적과 의도에 맞는 대상을 표본으로 선정하는 방법
- 장점: 조사대상자의 특성을 잘 알기 때문에 원하는 결과를 도출할 수 있음
- 단점: 표본이 모집단의 대표성을 갖고 있는지를 확인 할 수 없음

○ **할당표집법**(quota sampling)

- 모집단을 속성에 따라 몇 개의 범주로 구분하고, 표본을 모집단에서 차지하는 범주의 비율에 따라 할당하고, 각 범주로부터 할당된 수의 표본을 임의적으로 추출하는 방법
- 층화표집과 유사하지만 할당된 표본의 수를 무작위 표집이 아닌 임의표집을 한다는 점에서 차이가 있음
- 장점: 무작위 표집보다는 비용이 적게 들고 신속한 결과를 얻을 수 있음
- 단점: 무작위를 하지 않기 때문에 표집오차가 크고 일반화가 어려움

○ **눈덩이 표집법**(snowball sapling): **누적표집, 연쇄의뢰표집**

- 특정 모집단의 구성요소를 찾기 어려울 때 사용할 수 있는 방법, 즉, 눈덩이를 굴리는 것과 같이 처음에는 연구에 필요한 특성을 갖춘 소수의 표본을 갖고, 그 표본을 통해서 다른 사람을 소개받아 점차로 표본의 수를 늘려 가는 표집방법
- 주로 약물중독, 성매매, 도박 등과 같이 일탈적인 대상을 연구하거나 노숙인, 이주노동자, 불법이민자 등 모집단의 구성을 찾기 어려운 대상을 연구하는 경우에 사용함
- 표집과정에서의 대표성을 믿을 수 없기 때문에 양적 연구보다는 주로 질적 조사연구 혹은 현장연구에서 사용하는 표집방법

5. 표본의 크기와 표집(표본)오차

(1) 표본의 크기

- 표본: 근본적으로 모집단을 대표하는 요소를 추출해서 모집단을 전체적으로 조사하는 효과를 거두면서도 표집으로 나타나는 오차를 최소화하려는 전략
- 표본의 크기: 모집단으로부터 추출한 표집단위의 총 개수를 말하며, 표본의 수는 모집단의 크기와 동질성 여부에 의해 좌우됨
- 표본의 크기가 증가하면 표본의 대표성은 증가하나 어느 정도의 크기에 도달하면 표본의 크기를 증대시킨 만큼 대표성이 증가하지는 않음
- 표본크기를 결정하는 요소는 모집단의 크기, 조사문제 및 가설, 신뢰수준, 모수치 추정 시에 허용되는 최대오차, 모집단의 동질성, 표집비율, 표집방법, 조사의 현실적 여건 등
- 표본의 크기를 결정할 때 적용할 수 있는 일반 원칙
  - 표본오차가 적을수록 좋다면 표본의 크기가 커야 함
  - 모집단 구성요소가 동질적일수록 표본의 크기가 작을 수도 있음
  - 층화표집은 표본을 추출하기 전에 동질적인 모집단을 구성하기 때문에 단순 무작위표집에 비해 표본의 크기가 작아도 됨
  - 가설을 검정하기 위해 변수 사이에 관계를 발전시키고자 한다면 표본의 크기가 커야 함

(2) 표본(표집)오차(sampling error)

- 모집단의 값과 표본의 값 간의 차이를 말하며 표집오차라고도 함
- 무작위표집방법은 체계적 편견은 없지만, 우연에 의해 발생하는 표본오차는 있음
- 표본오차가 발생하는 원인은 어떤 대상을 연구할 때 시간이나 비용 등의 이유로 모집단 전체를 연구하기가 불가능할 때 모집단을 대표하는 요소를 선정한 결과로 나타남
- 표본오차는 표본의 크기가 클수록 적으며 모집단의 동질성이 클수록 적어지게 됨
- 표본의 크기를 크게 하면 표집오차는 감소하지만, 비표집오차의 발생 가능성은 높아짐
- 비표본오차란 표본추출 과정에서 발생되는 오차가 아니라, 설문지나 조사자료의 작성, 또는 인터뷰 과정에서 비롯되는 오류, 분석된 자료의 잘못된 해석, 자료집계나 자료를 분석하는 도중에 발생하는 요인들, 응답자의 불성실한 태도 등에서 야기되는 오차를 말함

上·中·下

01) 다음에 해당하는 표집방법은?   (18회 기출)

> 빈곤노인을 위한 새로운 사회복지서비스 개발을 위해 사회복지관의 노인 사례관리담
> 당자에게 의뢰하여 자신의 욕구를 잘 표현할 수 있는 빈곤노인을 조사대상으로 선정하
> 였다.

① 층화 표집   ② 할당 표집   ③ 의도적 표집
④ 우발적 표집   ⑤ 체계적 표집

해설

연구자의 의도에 부합되는 사례를 선정하는 표집방법을 의도적 표집(유의표집, 판단표집)이라고 한다.

〈 정답 ③ 〉

上·中·下

02) 확률표집에 관한 설명으로 옳지 않은 것은?   (18회 기출)

① 무작위추출방식으로 표본을 추출한다.
② 의식적이거나 무의식적인 편향(bias)을 방지할 수 있다.
③ 모집단의 규모와 특성을 알 때 사용할 수 있다.
④ 표본오차를 추정할 수 있다.
⑤ 질적 연구에서 주로 사용된다.

해설

질적 연구에서 주로 사용되는 표집방법은 비확률표집방법이다.

〈 정답 ⑤ 〉

표집(표본추출)

다음 문장에서 틀린 것을 모두 고르시오.

◆ 표본추출(표집)

① 표본추출은 개인과 집단은 물론 조직도 표본추출의 요소가 될 수 있다.

② 표본추출은 표본추출단위와 분석단위가 일치하지 않을 수 있다.

③ 표본추출은 전수조사에서는 모수와 통계치 구분이 불필요하다.

④ 표본추출은 표본의 대표성은 표본오차와 정비례하다.

⑤ 표본추출은 양적연구에서 표본의 크기가 클수록 유의미한 결과를 얻는데 유리하다.

⑥ 동일확률 선정법으로 추출된 표본은 모집단을 완벽하게 대표한다.

⑦ 모집단의 동질성은 표본의 대표성과 관계가 있다.

◆ 확률표집

① 확률표집은 무작위추출방식으로 표본을 추출한다.

② 확률표집은 의식적이거나 무의식적인 편향(bias)을 방지할 수 있다.

③ 확률표집은 모집단의 규모와 특성을 알 때 사용할 수 있다.

④ 확률표집은 표본오차를 추정할 수 있다.

⑤ 확률표집은 질적 연구에서 주로 사용된다.

⑥ 집락표집은 집락 간 표집오차가 발생할 수 있다.

⑦ 단순무작위표집은 모집단의 명부를 확보해야 한다.

⑧ 체계적 표본추출은 주기성(periodicity)이 문제가 될 수 있다.

⑨ 무작위로 추출된 표본의 크기는 표본의 대표성과 관계가 있다.

⑩ 층화표본추출은 단순무단위 표본추출보다 대표성이 높은 표본을 추출하는 방법으로 알려져 있다.

◆ 비확률표집

① 눈덩이표집은 비 확률표집이다.

② 할당표집은 표집오차의 추정이 가능하다.

③ 유의표집은 표본의 대표성을 보장할 수 없다.

④ 층화 표본추출은 전체 모집단이 아니라 여러 하위집단에서 표본을 추출한다.

⑤ 군집 표본추출은 다단계 표본추출이 가능하다.

⑥ 할당표본추출은 연구자는 모집단에 대한 사전지식을 가지고 있어야 한다.

⑦ 할당표본추출은 연구자의 편향적 선정이 이루어질 수 있다.

⑧ 할당표본추출은 모집단의 구성요소들이 표본으로 선정될 확률이 동일하지 않다.

⑨ 할당표본추출은 표본추출 시 할당 틀을 만들어 사용한다.

⑩ 할당표본추출은 전체 모집단에서 직접 표본을 추출한다.

⑪ 표본의 대표성은 표본의 질을 판단하는 주요 기준이다.

◆ **표본오차**

① 표집오차는 모집단의 모수와 표본의 통계치 간의 차이다.

② 표준오차는 무수히 많은 표본평균의 통계치가 모집단의 모수로부터 평균적으로 떨어진 거리를 의미한다.

③ 동일한 조건이라면 이질적인 집단보다 동질적 집단에서 추출한 표본의 표집오차가 작다.

④ 동일한 조건이면 표준오차가 클수록 검정통계값이 통계적으로 유의할 가능성이 높아진다.

⑤ 동일한 조건이라면 표본의 크기가 커질수록 표집오차가 감소한다.

⑥ 자료수집 방법은 표본크기와 관련 있다.

⑦ 표본크기가 커질수록 모수와 통계치의 유사성이 커진다.

⑧ 표집오차가 커질수록 표본이 모집단을 대표하는 정확성이 낮아진다.

⑨ 동일한 표집오차를 가정한다면, 분석변수가 많아질수록 표본크기는 커져야 한다.

⑩ 표집오차는 표본의 통계치와 모수 간의 차이를 의미한다.

⑪ 표집오차는 일반적으로 표본규모가 클수록 감소한다.

⑫ 표집오차는 표본의 선정과정에서 발생하는 오차이다.

⑬ 표집오차는 모집단의 크기에 비례한다.

⑭ 표집오차는 모집단의 동질성에 영향을 받는다.

〈 정답 〉

• 표본추출(표집) – ④⑥, • 확률표집 – ⑤, • 비확률표집 – ②⑩, • 표집오차 – ④⑬

제7장 측정과 척도

1. 측정(measurement)

(1) 측정의 의미
- 일정한 규칙에 따라 어떤 대상이나 사건에 대하여 숫자를 부여하는 것이라고 정의함
- 일정한 규칙에 따라 이러한 대상의 특성이나 속성에 대해 어떤 경험적 상징을 체계적으로 부여하는 과정

(2) 측정의 수준
○ **명목변수**
- 측정대상의 특성을 분류하거나 확인할 목적으로 대상에 숫자를 부여하는 것
- 숫자의 크기는 아무런 의미가 없고 그 대상의 특성이 다르다는 것을 의미할 뿐임
- 가장 낮은 수준의 측정으로서 이름을 부여하는 명목적인(nominal) 것을 뜻함
- 측정에서는 양적 의미가 없는 숫자(numeral)를 대상에게 부여함
  예) 성별, 계절, 인종, 종교, 지역, 직업, 가족형태, 출신학교 등

○ **서열변수**
- 명목수준의 측정이 가지는 특성과 범주들 간 상대적 서열을 정할 수 있음
- 서열간 간격은 동일하지 않으며, 절대량의 크기도 나타내지는 않음
  예) 장애등급, 학급석차, 학점, 선호도, 생활수준, 정치성향 등

○ **등간변수**
- 명목수준과 서열수준이 가지는 속성을 모두 가지고 있음
- 각 서열 범주사이의 간격이 동일하고, 거리를 계산할 수 있음
- 동일한 간격이므로 산술적 계산인 덧셈과 뺄셈을 할 수 있음
- 절대영점이 없기 때문에 곱셈과 나눗셈과 같은 비율계산은 할 수 없음
  예) 각종 지수, 지표, 온도 등

○ 비율변수

• 명목 · 서열 · 등간수준의 측정이 지니는 모든 속성이 존재함

• 절대 0점이 있기 때문에 모든 사칙연산(+−×÷)이 가능함

   예) 무게, 길이, 부피, 숫자, 자녀의 수, 월 소득 등

(3) 측정의 신뢰도(reliability)

• 측정도구의 정확성, 즉 같은 대상에 반복적으로 적용된 특정 기법이 매번 같은 결과를 가져오는지의 여부를 뜻하며 일관성(consistency)과 관련됨

• 측정대상이 되는 내용을 반복 측정하였을 때 동일한 결과를 얻게 되는 정도를 의미함

• 안정성, 일관성, 예측 가능성, 정확성, 의존 가능성 등으로 표현할 수 있음

• 신뢰도가 높은 측정이었다고 해서 반드시 변수간 의미 있는 결과가 발견되는 것은 아님

(4) 신뢰도의 평가방법

○ 검사-재검사법(재검사법)

• 동일한 대상에 대하여 하나의 척도를 일정한 시간 간격을 두고 반복해서 측정한 다음 그 측정값을 서로 비교하는 방법

• 장점: 검사-재검사법은 구해진 신뢰도의 의미를 직관적으로 이해하기 쉽고, 비교적 절차가 매우 단순함. 또한 신뢰도는 빠르고 간단하게 구할 수 있음

• 단점: 주관적 개념을 측정할 경우에는 동일한 검사를 반복함으로써 나타나는 테스트(test) 효과, 성장이나 역사적 요인과 같은 외생변수의 영향 등으로 대상의 속성이 실제로 변할 수 있어서 이것이 두 측정값의 차이로 나타낼 수 있음

○ 동형검사법(대안법, 유사양식법, 평행양식법, 복수양식법)

• 서로 다른 두 가지 형태의 측정도구로 동일한 대상자에게 차례로 적용하여서 얻은 값의 상관관계를 통해 신뢰도를 검증하는 방법

• 장점: 검사-재검사법의 단점인 시간 간격으로 인하여 발생하는 외생변수의 영향을 배제할 수 있을 뿐만 아니라 두 번검사해야 하는 현실적인 어려움을 극복할 수 있음

• 단점: 비슷한 두 개의 설문을 만드는 것이 현실적으로 어려움이 많음

○ **반분법: 내적 일관성 신뢰도**

- 검사-재검사의 테스트(test)효과와 성숙효과를 제거하기 위하여 고안된 것으로, 하나의 측정도구를 임의로 둘로 나누어 각각 독립된 두 개의 척도로 사용하여 동일한 대상에 대해 동시에 측정을 실시한 후 각각의 측정값을 비교함으로써 신뢰도를 측정하는 방법
- 반분법의 유형: 전후반분법, 기우반분법, 임의반분법 등
- 장점: 검사-재검사법의 단점인 시간 간격으로 인하여 발생하는 외생변수의 영향을 배제할 수 있을 뿐만 아니라 한 번만 측정함으로써 테스트효과를 배제할 수 있음
- 단점: 설문문항이 적으면 사용할 수 없으며, 어떻게 반분하느냐에 따라 상관계수가 달라질 수 있고, 개별문항의 신뢰도는 측정할 수 없음

○ **크론바하 알파계수: 내적 일관성 신뢰도**

- 문항 상호 간에 응답자의 답이 어느 정도 일관성이 있는가를 검사하여 질문지의 신뢰도를 평가하는 방법
- 크론바하 알파(Cronbach`s alpha, Cronbach`α)계수는 측정도구에 있는 문항들을 반으로 나누어 구성된 모든 하위집단의 점수들 사이에서 얻어진 상관관계의 평균값을 말함
- 내적 일관성 신뢰도를 측정하기 위해 오늘날 가장 많이 사용하고 있음

(5) 측정의 타당도(validity)

- 측정도구가 원래 측정하려고 의도한 것을 얼마나 정확하게 측정하는 정도를 의미함

(6) 타당도의 측정방법

○ **내용타당도(액면 타당도)**

- 조사자나 전문가가 주관적으로 판단해 볼 때 측정도구가 해당 변수를 합당하게 측정하는 것으로 보이는 정도를 의미함
- 측정도구의 대표성 또는 표본 문항의 적절성을 의미함
- 장점: 주관적으로 평가하므로 적용하기 쉽고 시간이 많이 소요되지 않음
- 단점: 주관적 판단에 의해 평가되므로 검증이 어렵고 객관성이 부족함

○ **기준타당도(관련타당도)**

- 객관적인 외부기준에 의해 측정도구의 타당도를 평가하는 방법을 의미함

- 예측타당도: 측정도구가 미래에 발생할 기준을 정확하게 예측하는 정도를 가리킴
  - 대입 수능성적과 입학 후 학업성취도 비교, 입사시험과 입사 후 직무능력 성취도의 비교
- 동시타당도: 측정도구가 개인의 현재 상황이나 상태를 정확하게 예측하는 정도를 의미함
  - 기존 IQ 검사지에 의한 검사결과와 새로 개발한 IQ검사지에 의한 검사결과 비교

○ **구성타당도(개념타당도, 구인타당도)**
- 연구자가 측정하고자 하는 추상적인 개념이 실제로 측정도구에 의하여 제대로 측정되었는지의 정도를 의미함
- 이해 타당도: 측정도구가 어떤 개념을 이해하는데 있어 실제로 타당한가를 측정함
- 수렴 타당도: 동일한 개념을 상이한 측정방법으로 상관관계를 확인, 상관관계가 높을수록 수렴타당도가 높다고 볼 수 있음
- 판별(변별) 타당도: 다른 개념을 동일한 측정방법으로 상관관계를 확인, 상관관계가 낮을수록 판별타당도가 높다고 볼 수 있음

(7) 측정의 신뢰도와 타당도 관계
○ **두 개념에 대한 이해**
- 두 개념은 존재의 개념이 아니고, 정도의 개념이기 때문에 신뢰도나 타당도는 '높다, 낮다'라는 표현이 정확함
- 신뢰도가 높다고 해서 반드시 타당도가 높다는 것을 의미하지 않으며, 신뢰도가 없으면 타당도를 검토하는 것은 의미가 없음
- 따라서 신뢰도는 타당도의 기본적인 전제조건이며, 신뢰도는 타당도를 위한 필요조건이지 충분조건은 아님

○ **신뢰도와 타당도의 관계**
- 신뢰도는 척도에 의해서 측정된 값들이 얼마나 일관성이 있는지에 관심이 있고, 타당도는 척도와 측정대상의 관계에 주목함
- 신뢰도는 무작위 오류와 관련이 있고, 타당도는 체계적 오류와 관계가 있음
- 신뢰도가 높은 경우에 타당도는 높을 수도 있고 낮을 수도 있음 즉, 신뢰도가 높다고 해서

반드시 타당도가 높은 것은 아님

- 신뢰도가 낮으면 반드시 타당도는 낮으며, 신뢰도는 낮고 타당도가 높은 측정은 없음
- 타당도가 높으면 반드시 신뢰도는 높게 나타남
- 타당도가 낮은 경우에도 신뢰도는 높을 수도 있고 낮을 수도 있음
- 타당도는 신뢰도에 대한 충분조건이고, 신뢰도는 타당도에 대한 필요조건에 해당됨

신뢰도와 타당도와의 관계

척도가 신뢰할 만하다는 것은 같은 조건하에서 반복하여 실행하였을 때 같은 결과가 나오게 된다는 것이다. 척도가 타당하다는 것은 측정하고자 하는 것을 정확히 측정하는 것을 의미한다.

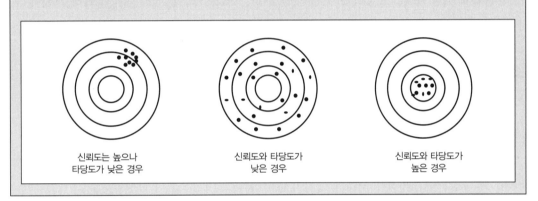

| 신뢰도는 높으나 타당도가 낮은 경우 | 신뢰도와 타당도가 낮은 경우 | 신뢰도와 타당도가 높은 경우 |

(8) 측정의 오류(오차)

○ 측정오류(measurement error)의 개념

- 조사자가 변수를 측정하는 과정에서 나타나는 오류로서 타당도와 신뢰도에 영향을 미침
- 타당도는 체계적 오류, 신뢰도는 비체계적 오류와 관련된 개념
- 측정도구 자체가 결함이 있거나 정확하지 않은 경우에 오류가 나타남
- 측정도구에는 별다른 문제가 없지만, 측정하는 사람이 측정기술이 부족하거나 측정하는 사람이 부주의하거나 착오를 일으킬 경우에 측정오류가 나타남

  예) 복잡한 설문지를 노인을 대상으로 실시할 경우
- 대상자의 심리적 특성이 일시적으로 변하거나 측정이 이루어지는 환경이 특이한 경우에도 측정오류가 나타남

예) 개인의 심리적 특성은 개인이 기분이 좋을 때와 기분이 나쁠 때에 서로 차이가 나기 마련이고, 이에 따라 측정에서 오류가 나타날 가능성이 큼

○ **체계적 오류**(systematic error)
- 측정하려는 변수에 일정하게 영향을 주어 측정결과가 일관성 있게 모두 높아지거나 모두 낮아지는 편향된 경향을 보이는 오류를 말함
- 체계적 오류가 나타나는 이유
  - 인구통계학적 사회경제적 특성으로 인한 오류
  - 개인적 성향으로 인한 오류
  - 측정하려는 개념이 태도인지 행동인지 모호할 때 발생하는 오류
  - 편향에 따른 오류: 고정적 반응에 의한 편향, 사회적 적절성의 편향, 문화적 차이에 의한 편향

○ **비체계적 오류(무작위 오류)**
- 일관성이 있게 영향을 미치고 있지 않는다는 점에서 체계적 오류와 다름
- 처음에 측정한 결과와 그 다음에 측정한 결과 사이에는 서로 일관성이 보이지 않음
- 오류값이 다양하게 분산되어 있어 무작위적으로 발생하는 것이기 때문에 측정대상·측정 과정·측정도구·측정자 등에 일관성이 없이 영향을 미침으로써 발생함

2. 척도(scale)

(1) 척도의 개념
- 어떤 현상을 측정하기 위한 도구 또는 일정한 규칙에 따라 숫자나 기호를 배열하여 도구를 만드는 것을 의미함
- 척도의 구성요건
  - 응답 범주들은 상호 배타적이어야 함
  - 응답 범주들은 응답 가능한 상황을 포괄하고 있어야 함
  - 응답 범주들은 논리적 연관성이 있어야 함
  - 여러 문항들로 구성될 경우, 문항들 간 내적 일관성이 있어야 함

– 응답 범주들은 측정하고자 하는 개념이 포함되어 있어야 함

○ 척도의 작성과정

이론적 개념 → 경험적 변수 → 경험적 지표 → 척도 → 타당도 · 신뢰도 검사

• 문제에 관한 속성을 인지하고, 이것을 표현하는 이론적 개념을 형성함
• 이론적 개념의 내용을 특정화하여 경험적 관찰이 가능한 변수로 전환함
• 변수(개념)의 속성을 파악하기 위해 경험적 지표를 선정함
• 선정된 지표를 활용하여 지수와 척도를 작성함

(2) 척도화의 유형

○ 명목척도화

• 단순히 분류하기 위해 특정대상의 속성에 부호나 수치를 부여하는 것을 의미함
• 숫자가 단지 서로 다름만을 의미할 뿐 서열과 간격은 알 수 없음
• 응답범주들은 논리적 연관성을 가지고 있어야 함
  예) 운동선수들의 등번호

○ 서열척도화

• 측정된 값들 사이에 상대적 순서관계를 밝힐 수 있도록 숫자나 기호를 부여하는 과정
• 변수의 속성 뿐만아니라 서열이나 순위를 매길 수 있지만 동일하지는 않음

▷ 총화평정척도(summated rating scale)
• 응답자가 응답하는 여러 질문문항의 값들을 총합(總合, summation)하여 계산하는 척도임. 척도의 구성이 간단하고 점수 계산이 용이함
• 대부분의 경우 척도를 구성하는 문항은 '동의함' 과 '동의하지 않음' 으로 측정됨
• 구성이 간단하고 점수의 계산이 용이하지만 구성하는 문항들 사이에 존재할 수 있는 강도의 차이를 전혀 반영하지 못하고 있음

▷ 리커트 척도(Likert scale)

- 응답자에게 여러 진술들을 제시한 후에 응답자가 각 진술에 대해 동의하는 정도를 나타내
도록 되어 있는 측정도구
- 리커트척도의 특징
  - 서열척도에 해당되며, 척도의 구성과 활용이 비교적 용이함
  - 하나의 개념을 측정하기 위해 여러 문항들을 이용하는 척도로서, 각 문항들은 동일한
  응답범주를 사용하며 모두 동등한 가치를 부여받음
  - 응답범주가 동일한 5점척도로 된 5문항으로 구성된 리커트척도가 있을 때 각 문항의 점
  수를 단순 합계한 총점에 따라서 서열이 매겨짐
- 장점
  - 리커트척도는 사용하기 쉽고, 직관적인 이해가 가능함
  - 문항분석, 신뢰도분석, 요인분석 등을 통해서 성공 여부를 평가할 수 있기 때문에 사회
  조사에서 널리 사용되고 있음
- 단점
  - 문항들 사이에 존재하는 강도의 차이를 충분히 표현하지 못한다는 지적도 있음
  - 재현성이 부족함. 재현성이란 같은 총계점수를 갖는 두 응답자가 각 문항에 대하여 같
  은 응답을 하였는가를 의미함

▷ 거트만 척도

- 척도를 구성하는 문항들이 내용의 강도에 따라 일관성 있게 서열을 이루어 있어서 단일 차
원적이고 누적적인 척도를 구성하고 있음
- 이 척도의 기본 전제는 '보다 강한 정도를 측정하는 문항에 긍정적인 응답자는 그보다 약
한 정도를 측정하는 문항에 당연히 긍정적일 것이다' 라고 가정함
- 리커트척도와 거트먼척도의 차이: 리커트척도의 각 문항들이 동등한 가치를 부여받으며,
총점에 따라 서열이 매겨진다면, 거트만 척도는 각 문항들 간에 서열이 매겨짐

▷ 보가더스의 사회적 거리 척도(Bogardus social distance)

- 사람들이 다른 사람들과 사회적 관계를 맺으려는 정도를 파악하기 위한 측정도구
- 보가더스의 사회적 거리 척도에서는 다양한 정도의 사회적 교류를 제시하고 있음
- 인종적 편견의 강도를 측정하기 위해 제시한 척도로서, 친밀감의 정도를 '사회적 거리' 라

는 개념으로 정의함
- 이를 측정하기 위한 몇 개의 하위문항으로 구성, 누적적인 문항으로 구성되는 척도
  예) 우리나라 사람이 동남아시아 사람과 사회적으로 교류하려고 하는 정도

▷ **의미분화 척도**(semantic Differential scale)
- 어떤 개념에 대한 생각이나 느낌을 다양한 차원에서 평가하기 위해 양 극단에 서로 상반되는 형용사를 배치하여 그 속성에 대한 평가를 내리도록 하는 척도
- 주로 사용되는 측정 차원으로는 평가 차원, 권력 차원, 그리고 활동 차원이 있음
  예) 평가 차원을 정의하는 척도: '유쾌한-불쾌한', '좋은-나쁜', '달콤한-신' 등
- 장점: 가치와 태도와 같은 주관적인 개념 측정에 용이하여 쉽게 만들 수 있고, 비교적 적은 수의 문항으로 신뢰도를 확보할 수 있고, 응답자가 간단하게 응답할 수 있음

○ **등간-비율 척도화**
- 개별 값들 간 일정한 거리(등간 측정)와 절대 영의 기준점을 가지고 비율측정을 함

▷ **서스톤 척도**(Thurstone scale)
- 어떤 사실에 대하여 가장 긍정적인 태도와 가장 부정적인 태도를 나타내는 양 극단을 등간적으로 구분하여, 여기에 수치를 부여함으로써 등간척도를 구성하는 방법
- 거트먼척도가 문항들에 서열성을 두어 척도 구성을 했다면, 서스톤척도는 서열문항들 간에 등간성까지 갖춘 척도
- 사전 문항평가를 시행하고 그 결과를 분석하여 각 문항마다 다른 척도치를 부여함
- 유사등간척도로서 등간-비율수준의 분석이 가능하다는 장점이 있지만, 오늘날 서스톤척도는 자주 사용되지는 않음

▷ **요인분석**(factor analysis)
- 척도를 개발하는 과정에서 활용되는 통계학적인 방법으로 다수의 문항들을 보다 적은 요인으로 분류하는 기법
- 문항들간의 상관관계가 높은 것 끼리 하나의 요인으로 묶어내며, 요인들간에는 상호독립성을 유지하도록 하는 것
- 하나의 요인으로 묶여진 측정 문항들은 수렴타당도가 높은 것으로 판단하고, 서로 다른 요

인들 간에는 판별타당도가 높은 것으로 해석할 수 있음

▷ **소시오메트리**(Sociometry)

• 집단 내 구성간의 친화나 반발의 형태 · 강도 · 빈도 등을 측정하여 분석함

• 개인의 집단 내에서의 상호작용과 지위 · 집단 자체의 구조와 상태를 평가함

───────

| 上 · 中 · 下 |

01) 측정의 신뢰도와 타당도에 관한 설명으로 옳은 것은?   (18회 기출)

① 신뢰도는 일관성으로 표현될 수 있는 개념이다.

② 측정도구의 문항 수가 적을수록 신뢰도는 높아진다.

③ 검사–재검사 방법은 타당도를 측정하는 방법이다.

④ 편향(bias)은 측정의 비체계적 오류와 관련된다.

⑤ 측정도구의 신뢰도가 높아지면 타당도도 높아진다.

| 해설 |

측정도구의 정확성, 즉 같은 대상에 반복적으로 적용된 특정 기법이 매번 같은 결과를 가져오는지의 여부를 뜻하며 일관성(consistency)과 관련된다.

〈 정답 ① 〉

| 上 · 中 · 下 |

02) 측정시 나타날 수 있는 체계적 오류에 관한 설명으로 옳지 않은 것은?   (18회 기출)

① 코딩 왜곡은 체계적 오류를 발생시킨다.

② 익명의 응답은 체계적 오류를 최소화한다.

③ 편견 없는 단어는 체계적 오류를 최소화한다.

④ 척도구성 과정의 실수는 체계적 오류를 발생시킨다.

⑤ 비관여적 관찰은 체계적 오류를 최소화한다.

| 해설 |

수집된 자료의 입력과정에서 발생하는 코딩 왜곡은 무작위 오류를 발생시킨다.

〈 정답 ① 〉

03) 측정도구의 신뢰도에 관한 설명으로 옳은 것은? (17회 기출)

① 일관성 또는 안정성으로 표현될 수 있는 개념이다.

② 측정도구가 의도하는 개념의 실질적 의미를 반영하는 정도와 관련이 있다.

③ 검사–재검사 신뢰도는 가장 널리 사용되는 신뢰도 유형이다.

④ 사회적 바람직성 편향은 신뢰도를 낮추는 주요 요인이다.

⑤ 특정 개념을 측정하는 문항수가 많을수록 신뢰도는 낮아진다.

해설

② 측정도구가 의도하는 실질적 의미를 반영하는 정도와 관련이 있는 것은 타당도이다.

③ 가장 널리 사용되는 신뢰도 유형은 크론바하의 알파계수를 이용한 방법이라 볼 수 있다.

④ 사회적 바람직성 편향은 체계적 오류와 관련되며, 타당도를 낮추는 주요 요인이다.

⑤ 특정 개념을 측정하는 문항수가 많을수록 신뢰도는 높아진다.

〈 정답 ① 〉

04) 다음은 무엇에 관한 설명인가? (17회 기출)

> A 연구소가 정치적 보수성을 판단할 수 있는 문항들의 상대적인 강도를 11개의 점수로
> 평가자들에게 분류하게 된다. 다음 단계로 평가자들 간에 불일치도가 높은 항목들을 제
> 외하고, 각 문항이 평가자들로부터 받은 점수의 중위수를 가중치로 하여 정치적 보수성
> 척도를 구성한다.

① 거트만(guttman) 척도　　　　　② 서스톤(Thurstone) 척도

③ 리커트(Likert) 척도　　　　　　④ 보가더스(Borgadus) 척도

⑤ 의미차이(Semantic Differential) 척도

해설

서스톤(Thurstone) 척도는 양극단을 등간적으로 구분하여 수치를 부여함으로써 등간척도를 구성하는 방
법이다. 위 사례에서 평가자들로부터 받은 점수의 중위수를 가중치로 하여 정치적 보수성 척도를 구성한
다고 하였으므로 서스톤(Thurstone) 척도에 해당된다. 〈 정답 ② 〉

측정과 척도

다음 문장에서 틀린 것을 모두 고르시오.

◆ 측정수준

① 연령은 모든 척도 수준으로 분석이 가능하다.

② 표준화된 지능검사점수는 비율척도다.

③ 등간척도는 절대영점이 있다.

④ 대학수학능력시험 점수는 비율변수이다.

⑤ 명목변수의 수치에는 서열이나 양적 의미가 없다.

⑥ 온도 1℃와 2℃의 차이는 10℃와 11℃의 차이와 동일하다.

⑦ 비율변수 0은 경험세계에서 속성이 존재하지 않는다.

⑧ 100Kg은 50Kg보다 두 배 무겁다.

◆ 측정의 신뢰도와 타당도

① 특정 개념을 측정하는 문항수가 많을수록 신뢰도는 낮아진다.

② 신뢰도는 일관성으로 표현될 수 있는 개념이다.

③ 검사–재검사 방법은 타당도를 측정하는 방법이다.

④ 편향(bias)은 측정의 비체계적 오류와 관련된다.

⑤ 측정도구의 신뢰도가 높아지면 타당도도 높아진다.

⑥ 사전검사의 실시가 내적 타당도에 부정적으로 영향을 미칠 수 있다.

⑦ 외적 타당도를 높이는 중요한 전략 중 하나는 연구를 반복적으로 실시하여 결과를 축적하는 것이다.

⑧ 내적 타당도가 높으면 외적 타당도 또한 높다.

⑨ 자신이 연구대상자라는 인식이 외적 타당도를 낮출 수 있다.

⑩ 내적 타당도는 인과관계를 추론할 수 있는 정도를 의미한다.

⑪ 측정할 때 마다 항상 30분 빠르게 측정되는 시계는 신뢰도가 높은 것이다.

⑫ 동일한 변수를 측정할 때 신뢰도와 타당도를 높이기 위해서는 관련된 문항 수를 줄인다.

⑬ 측정도구의 높은 신뢰성이 측정의 타당성을 보증하지는 않는다.

⑭ 측정도구의 타당도를 검사하기 위해 반분법을 활용한다.

◆ **측정오류**

① 익명의 응답은 체계적 오류를 최소화한다.

② 편견 없는 단어는 체계적 오류를 최소화한다.

③ 척도구성 과정의 실수는 체계적 오류를 발생시킨다.

④ 비관여적 관찰은 체계적 오류를 최소화한다.

⑤ 편향에 의해 체계적 오류가 발생한다.

⑥ 표준화된 측정도구를 사용하더라도 체계적 오류를 줄일 수 없다.

⑦ 측정자, 측정 대상자 등에 일관성이 없어 생기는 오류를 체계적 오류라 한다.

⑧ 체계적 오류는 측정도구의 구성에서 발생할 수 있다.

⑨ 측정오류의 정도는 측정대상과 측정도구의 성격에 따라 차이가 나타난다.

⑩ 측정오류는 신뢰도와 타당도가 확보된 측정도구를 이용하여 예방할 수 있다.

⑪ 무작위 오류는 수집된 자료를 코팅하는 과정에서 잘못 입력하는 경우에 발생한다.

◆ **척도**

① 보가더스의 사회적 거리척도는 누적척도의 한 종류이다.

② 의미분화(semantic differential)척도는 한 쌍의 반대가 되는 형용사를 사용한다.

③ 리커트 척도의 각 문항은 등간척도이다.

④ 거트만 척도는 각 문항을 서열적으로 구성한다.

⑤ 서스톤 척도를 개발하는 과정은 리커트 척도와 비교하여 많은 시간과 노력이 요구된다.

〈 정답 〉
• 측정수준 – ②③④
• 측정의 신뢰도와 타당도 – ①③④⑤⑧⑫⑭
• 측정오류 – ⑥⑦
• 척도 – ③

제8장 자료수집

1. 설문조사(서베이)

1) 설문조사의 개념
○ 설문조사의 의의
- 알아보고자 하는 것을 질문의 형태로 개발하여 구조화된 설문지를 만들고, 조사대상자를 표본추출하여 이들을 대상으로 조사를 함
- 조사대상자에게 직접 설문을 하기도 하지만 전화 · 우편 · 컴퓨터 등 다양한 매체설문조사 는 오늘날 사회과학에서 가장 자주 사용하는 조사방법

○ 설문조사의 필요성
- 과학적인 조사의 목적이 이론의 개발과 검증이라면, 설문조사는 주로 이론을 검증하는 데 활용함

2) 설문조사의 유형
(1) 집단조사법(group survey)
- 여러 사람이 한자리에 모이게 하여 조사원의 지도하에 일시에 설문조사를 실시하는 방법
- 조사대상자를 개인적으로 만날 수 없거나 각 개인의 연락처를 알 수 없을 때, 즉 우편조사 나 개별면담이 불가능할 때 사용함

○ 집단조사의 장점
- 소요시간과 경비를 최소화할 수 있음
- 조사를 간편하게 진행할 수 있어 조사원 수를 줄일 수 있음
- 조사의 조건을 표준화함으로써 응답조건을 동등하게 할 수 있음
- 설문지에 대한 의문과 질문을 그 자리에서 해결할 수 있음
- 조사원이 설문조사 전 과정을 관리함으로써 질문의 대리작성을 최소화할 수 있음

○ 집단조사의 단점
- 집단을 대상으로 시행되기 때문에 조사자가 원하는 표본을 구하기 어려움
- 응답자들이 모집단을 대표하지 못하는 경우가 발생할 수 있음
- 응답자의 개인차를 무시함으로써 조사의 타당도가 낮아질 수 있음
- 조사대상자를 일정한 장소와 시간대에 모으는 것이 어려움
- 조사과정에서 옆 사람이나 타인으로부터 영향을 받을 가능성이 있어 응답자를 통제하는 것이 힘듦

(2) 우편조사법(mail-questionnaire survey)
- 우편을 이용하여 설문지를 보내고 응답자가 편리한 시간이나 장소에서 응답한 후 이를 반송용 봉투를 이용하여 회수하려는 방법
- 응답자 본인이 직접 응답을 기입하는 자기응답식(자기기입식) 설문조사의 대표적인 형태로, 조사자와 응답자가 비대면적 관계를 통해 자료를 수집하게 됨
- 우편설문조사는 설문지 외에 조사의 목적·중요성 등을 설명하고 협조를 당부하는 안내문을 동봉해야 하며, 회신용 봉투와 우표를 함께 보내는 것이 일반적임
- 우편조사방법은 회수율 또는 응답률이 비교적 낮기 때문에 응답률을 높이기 위한 후속조치가 필요함

○ 우편조사의 장점
- 조사비용과 노력이 절약됨
- 응답자가 편리할 때 설문지를 완성할 수 있음
- 익명성이 보장되어 공개하기 어려운 응답도 가능함
- 면접자의 편견을 배제할 수 있음
- 지리적으로 넓게 퍼져 있는 응답자들에게 모두 접근 가능함

○ 우편조사의 단점
- 응답자가 질문을 잘못 이해하고 있더라도 교정할 수 없음
- 응답률, 회수율이 낮음
- 환경에 대한 통제 불능: 응답자가 아닌 다른 사람이 대신할 수 있음
- 응답 날짜에 대한 통제 불능: 설문지가 완성되는 시간을 통제할 수 없음

- 복잡한 질문지 구성체제를 사용할 수 없음
- 불확실한 응답에 대한 추가질문이 어려움

(3) 전화조사법(telephone survey)

○ 전화조사법의 개념
- 조사원이 응답자를 직접 만나는 대신 전화를 이용하여 정보를 수집하는 방법
- 전화번호부를 이용하여 비교적 쉽고 정확하게 모집단에서 표본을 추출할 수 있고, 빠른 시간에 저렴한 비용으로 조사를 실시할 수 있음
- 최근에는 정치·경제·사회적인 문제에 대한 여론수렴이 필요할 때 많이 사용함

○ 전화조사의 장점
- 대인면접법보다 조사시간과 비용이 절감됨
- 조사가 간단하고 신속하게 이루어짐
- 표본접촉범위가 넓으며 조사대상자에 대한 접근이 용이함
- 익명성 보장으로 사회적으로 용인되지 않은 응답을 얻을 수 있음

○ 전화조사의 단점
- 응급상황에 대한 통제가 어렵고 시간적인 제약이 있음
- 대인면접법처럼 부가적인 정보습득이 어려워 조사내용에 한계가 있음
- 전화가 없거나 전화번호부 미기재자는 누락될 가능성이 있음
- 응답이 쉽게 중단될 수 있음

(4) 인터넷조사법(internet survey)
- 인터넷에서 설문조사를 실시하여 정보를 수집하는 방법으로서 온라인조사법이라고도 함
- 이메일(e-mail)을 사용하는 방법, 홈페이지를 활용하는 방법, 전문조사기관의 사이트에 의뢰하는 방법 등이 있음

○ 인터넷조사의 장점
- 일반 조사법인 대인면접법이나 전화면접법, 우편조사법과는 달리 별도의 자료수집이나 코딩 등의 과정이 생략되기 때문에 상대적으로 인력·시간·비용을 절약할 수 있음

- 응답자에 대한 접근이 용이하고 음악이나 동영상 등의 멀티미디어 활용이 쉬우며 실시간 분석과 연속적인 조사가 가능함

○ **인터넷조사의 단점**
- 응답자 기록이 응답자의 익명성이 보장되기 어렵고, 확보된 이메일 목록이나 자신의 사이트에 들어온 응답자 외에는 조사할 수 없기 때문에 조사대상 표본 집단의 대표성을 보장하기 어려움
- 응답자의 신분 확인 방법이 제한되어 있는 경우 응답자의 중복응답 여부 등을 통제하지 못함

2. 대인면접법

(1) 대인면접법의 개념
- 훈련을 철저히 받은 조사원이 직접 응답자와의 대면접촉을 통해 자료를 수집하는 방법
- 면접원(조사원)이 우선 주제나 문제에 대해 설명을 하고, 면접을 통해 주제에 대한 질문을 이끌어 가면서 응답자의 반응을 기록하는 방식으로 진행됨

(2) 대인면접법의 장단점
○ **대인면접법의 장점**
- 융통성: 응답자의 면접 분위기에 맞춰 정확한 답변을 얻을 수 있음
- 우편설문조사에 비해 응답률이 높음
- 면접상황에 대한 통제가 가능함
- 질문뿐만 아니라 관찰도 가능함
- 복잡한 질문의 사용 : 면접은 보다 복잡한 질문을 사용할 수 있음

○ **대인면접법의 단점**
- 우편조사에 비해 비용이 많이 소요됨
- 비구조화된 면접의 경우 면접자에 대한 오류가 발생할 가능성이 높음
- 자기기입식 설문조사에 비해 익명성 보장이 미흡함

- 응답자가 여러 지역에 분포되어 있는 경우 접근성에 어려움이 있음
- 면접자의 안전(2명 1팀)에 유의해야 하며 익명성이 결여됨

○ **효과적인 대인면접조사를 위한 유의사항**
- 면접자가 질문에 대한 정확한 이해와 필요시 질문의 재구성 등의 요령이 필요함
- 복장과 태도에 신경을 써야 함
- 조사대상자와 먼저 라포(rapport)를 형성하는 것이 중요함

3. 관찰법

(1) 관찰법의 개념
- 주위에서 일어나는 다양한 일에 대한 지식을 얻는 가장 기본적인 방법
- 연구자가 행동과학 실험설계를 하고자 할 때 종속변수를 측정하는 데 있어 가장 필요한 것이 특정 행동을 관찰하고 기록하는 것
- 관찰은 일상생활 속에서 연구자와 직결된 조사방법일 뿐만 아니라 실제적 측면이 강한 자료수집방법
- 관찰에서는 관찰자가 자료를 산출해 냄. 즉, 관찰자의 판단이 곧 자료가 됨

(2) 관찰의 장단점
○ **관찰의 장점**
- 관찰자가 피관찰자의 어떤 행동이 발생하는 바로 그때에 자료수집을 할 수 있음
- 관찰은 비언어적 상황에 대한 자료 수집을 가능하게 함
- 관찰은 상황에 따른 폭넓은 범위의 자료를 도출하기 쉬워 질적 연구나 탐색적 연구에 유리함
- 관찰은 종단분석에 필요한 자료산출에 유리함

○ **관찰의 단점**
- 관찰은 실제로 관찰을 수행하기 어려운 예가 많음
- 관찰은 주로 사람의 외면적인 행동을 보기 때문에 내면의 상태를 파악하는 데 어려움

- 관찰 당시의 특수성 때문에 피관찰자가 그때에만 특수한 행위를 하였는데, 이를 식별하지 못하고 일상적으로 그러한 행위를 하는 것으로 기록하는 오류를 범할 수 있음
- 관찰은 자료수집과정에 관찰자의 주관적인 판단이 개입될 수 있음
- 관찰은 표본 집단의 크기에 한계가 있음
- 관찰은 자료수집과정에서 통제가 어려움
- 관찰은 관찰자와 피관찰자 간의 신분 노출 때문에 익명성이 보장되기 어려운 때가 많음
- 관찰은 수량화가 어려워 조사결과의 분석과 해석이 어려움

4. 내용분석법(content analysis)

(1) 내용분석의 개념
- 의사전달의 내용이나 기록물의 특성을 객관적 · 체계적으로 확인하여 진의를 추론하는 연구방법
- 인간이 남기는 모든 형태의 이용 가능한 자료를 객관적 · 체계적 · 양적으로 분석하고 연구하는 방법
- 조사대상에게 직접적인 접근이 어려운 경우, 조사대상이 방대할 경우, 실증연구의 보충자료가 필요한 경우에 활용되며, 연구주제의 범위 안에서 수집된 자료의 내용을 분류 · 추론 · 기술하는 것이라고 할 수 있음

(2) 내용분석의 목적
- 수단적 목적: 일정한 연구문제 · 연구가설을 경험적으로 검증하기 위한 것으로 구어적 · 비계량적 자료를 계량적 자료로 변환시키는 것
- 내용적 목적: 내용분석을 통하여 파악하고자 하는 내용이 누가, 무엇을, 누구에게, 어떻게, 그 효과는 무엇인가라고 할 때, 내용의 특성, 원인 · 동기, 효과 · 결과를 의미함

(3) 내용분석의 특징
- 의사전달의 내용(메시지)이 분석대상, 문헌연구의 일종
- 드러난 내용뿐만 아니라 숨은 내용도 분석대상이 됨
- 객관성 · 체계성 · 일반성 등 과학적 연구방법의 요건을 갖추어야 함

• 양적인 분석방법과 질적인 분석방법 모두를 사용함

(4) 내용분석의 장단점

○ 내용분석의 장점

• 직접적으로 자료를 수집하는 방법에 비해 상대적으로 시간과 비용이 절감됨

• 장기간에 걸쳐서 발생하는 과정을 연구할 수 있는 종단연구가 가능함

• 연구가 잘못되었을 때 조사연구의 일부나 전부를 다시 시작하는 데 융통성이 있음

• 비개입적인 연구방법이라 연구대상의 반응에 영향을 미치지 않음

• 양적 접근법으로 연구한 내용의 구체성을 통해 신뢰도를 높임

○ 내용분석의 단점

• 기록된 의사전달만을 연구할 수 있으므로 기록되지 않은 것은 분석하기 어려움

• 기록된 자료의 추상적 개념으로 측정하기 때문에 타당도를 확보하는 데 어려움이 있음

• 의사전달의 과정 자체를 분석하는 것이 아닐 때에도 타당도의 문제가 제기될 수 있음

• 분석하고 싶은 자료에 접근하거나 구하는 것 자체가 어려운 경우가 많음

上·中·下

01) 설문지 작성에 관한 내용으로 옳지 않은 것은? (18회 기출)

① 개연성 질문(contingency questions)은 사고의 흐름에 따라 배치한다.

② 고정반응(response set)을 예방하기 위해 유사질문들은 분리하여 배치한다.

③ 민감한 주제나 주관식 질문은 설문지의 뒷부분에 배치한다.

④ 명목측정을 위한 질문은 단일차원성의 원칙을 지켜 내용을 구성한다.

⑤ 신뢰도 측정을 위한 질문들은 가능한 서로 가깝게 배치한다.

해설

신뢰도 측정을 위한 질문들은 가급적 서로 멀게 배치한다.

〈 정답 ⑤ 〉

上·中·下

02) 내용분석에 관한 설명으로 옳지 않은 것은? (18회 기출)

① 역사적 분석과 같은 시계열 분석에 어려움이 있다.

② 인간의 의사소통 기록을 체계적으로 분석한다.

③ 분석상의 실수를 언제라도 수정할 수 있다.

④ 양적 조사와 질적 조사에 공통으로 사용할 수 있다.

⑤ 기존 자료를 활용하여 타당도 확보가 어렵다

해설

내용분석의 장점중 하나는 역사적 분석과 같은 시계열분석에 용이하다는 점이다.

〈 정답 ① 〉

자료수집
다음 문장에서 틀린 것을 모두 고르시오.

◆ 질문지 등
① 자료수집은 반구조화 면접 시 부수질문을 사용한다.
② 자료수집은 전화면접의 경우 신속성, 저비용이 장점이다.
③ 자료수집은 아동과의 면접일 경우 장난감이나 인형을 통한 놀이를 이용한다.
④ 자료수집은 비구조화 면접 시 질문의 순서나 내용을 사전에 정한다.
⑤ 자료수집은 구조화된 면접 시 면접조사표가 질문 문항, 질문의 순서, 어조까지 정확히 제시한다.
⑥ 면접조사는 우편조사에 비해 비언어적 행위의 관찰이 가능하다.
⑦ 일반적으로 전화조사는 면접조사에 비해 면접시간이 길다.
⑧ 질문의 순서는 응답률에 영향을 줄 수 있다.
④ 폐쇄형 질문의 응답범주는 상호배타적이어야 한다.
⑩ 면접조사는 전화조사에 비해 비용이 높을 수 있지만 무응답률은 낮은 편이다.
⑪ 질문지법은 문서화된 질문지를 사용한다.
⑫ 면접법은 조사대상자에게 질문내용을 구두 전달한다.
⑬ 비관여적 조사는 기존의 기록물이나 역사자료 등을 분석한다.
⑭ 폐쇄형 질문의 응답범주는 포괄적(exhaustive)이어야 한다.
⑮ 응답자의 이해능력을 고려하여 설문문항이 작성되어야 한다.
⑯ 폐쇄형 질문의 응답범주는 상호배타적(mutually exclusive)이지 않아도 된다.
⑰ 심층적이고 질적인 면접은 대부분 개방형 질문으로 구성된다.
⑱ 이중질문(double-barreled question)은 배제되어야 한다.
⑲ 2차 자료 분석은 비관여적 접근이다.

◆ 관찰, 내용분석

① 관찰 신뢰도는 관찰자의 역량과 관련이 없다.

② 관찰 가능한 지표는 언어적 행위에만 국한된다.

③ 관찰은 면접조사보다 조사환경의 인위성이 크다.

④ 관찰은 자연적 환경에서 외생변수의 통제가 용이하다.

⑤ 관찰은 응답과정에서 발생할 수 있는 오류를 줄일 수 있다.

⑥ 찰법은 유형, 시기, 방법, 추론 정도에 따라 조직적 관찰과 비조직적 관찰로 구분된다.

⑦ 내용분석법은 신문, 책, 일기 등의 직접자료를 수집하고 분석하는 방법이다.

⑧ 내용분석은 역사적 분석과 같은 시계열 분석에 어려움이 있다.

⑨ 내용분석은 인간의 의사소통 기록을 체계적으로 분석한다.

⑩ 내용분석은 분석상의 실수를 언제라도 수정할 수 있다.

⑪ 내용분석은 양적 조사와 질적 조사에 공통으로 사용할 수 있다.

⑫ 내용분석은 기존 자료를 활용하여 타당도 확보가 어렵다

⑬ 내용분석의 결과를 양적 분석에 사용할 수 있다.

⑭ 내용분석의 하나의 단락 안에 두 개 이상의 주제가 들어 있는 경우 단락을 기록단위로
   한다.

⑮ 내용분석의 기록단위가 맥락단위보다 상위단위이다.

⑯ 내용분석의 자료 유형화를 위한 범주가 설정되면 기록단위는 필요치 않다.

〈 정답 〉
• 질문지 등 - ④⑦⑯
• 관찰, 내용분석 - ①②③⑤⑦⑧⑭⑮⑯⑰

제9장 욕구조사와 평가조사

1. 욕구조사

1) 욕구조사의 개념
- 특정 지역사회주민이나 특정 집단을 위한 새로운 정책대안이나 프로그램을 개발하기 위해 또는 기존의 정책대안이나 프로그램을 보완하기 위해 대상집단의 욕구와 종류와 수준을 파악하는 조사라고 할 수 있음
- 사회복지프로그램이 실행되기 전에는 욕구조사가 반드시 시행되어야 하며, 이를 통해 새로운 프로그램의 실행에 대한 정당성을 확보해야 함
- 욕구조사를 통하여 프로그램이 실제 필요한지에 대해 정확한 정보를 제공할 뿐만 아니라 프로그램이 시행된 이후에도 그 진행과정에 대한 적절한 지침을 제공함
- 욕구조사는자원 배분과 프로그램의 기회 및 프로그램 개발을 위한 의사결정 도구로 활용됨

2) 욕구조사의 유형
(1) 브래드쇼(Bradshow)의 욕구 유형
브래드 쇼는 욕구 판정을 위해 사용할 수 있는 인식기준에 따라 욕구를 규범적 욕구 · 인지적 욕구 · 표현된 욕구 · 비교된 욕구의 네 가지로 분류함

○ **규범적 욕구**(normative need)
- 전문가의 판단에 의해 규정된 욕구, 관습이나 권위, 기존의 자료나 유사한 지역사회의 조사나 전문가들의 판단에 의해 제안된 욕구
- 전문가의 판단에 의존하기 때문에 클라이언트 집단의 욕구와 거리가 있을 수 있음
- 장점: 욕구의 목표가 기존의 서비스 수준과 비교 가능한 비율로 표시되는 데 있으며, 실제 비율이 특정 기준에 미치지 못하면 욕구가 존재한다고 봄. 따라서 계량화가 쉽고, 구체적인 변화의 표적을 만들 수 있음
- 단점: 욕구 단계가 지식 · 기술 · 가치 변화에 따라 변화하기 쉬움

○ **인지적 욕구**(felt need)
- 느낀 욕구, 감지된 욕구, 체감적 욕구로 사람들이 욕구로 생각하는 것을 말함
- 장점: 당사자의 정확한 욕구 파악이 용이하며, 필요한 서비스 내용과 정도에 대한 정보를 확보할 수 있음
- 단점: 사람의 기대에 따라 각각 기준이 불안정하고 수시로 변경될 수 있어서 실제욕구보다 과대 추정될 수 있으며, 조사대상을 어떻게 선정하느냐에 따라 대표성에 문제가 있을 수 있음

○ **표현된 욕구**(expressed need)
- 인지적 욕구가 행동으로 표출되어서 실제 수요(demand)로 드러난 것을 말함
- 집단 성원들의 의사가 실제 외부로 나타난 행위에 의해 파악됨
- 욕구를 가진 사람 모두가 서비스에 대한 수요자로 표현하는 것은 아님
- 표현되지 않은 잠재적 클라이언트가 무시되거나, 전달체계상 장애가 있는 클라이언트는 배제될 가능성이 있어 현상유지적인 경향을 보이는 단점이 있음

○ **비교된 욕구**(comparative need)
상대적 욕구. 특정한 기준에 의해 발생하는 것이 아니라 한 지역의 욕구와 유사한 다른 지역에 존재하는 서비스와의 차이에서 측정되는 비교욕구

(2) 매슬로우(Maslow)의 욕구 분류
- 인간의 욕구를 다섯 가지 범주로 나누고 범주들 간에 단계가 있는 것으로 봄
- 생리적 욕구, 안전의 욕구, 소속과 사랑의 욕구, 존경의 욕구, 자아실현의 욕구로 구분
- 다섯 가지 범주는 크게 결핍의 욕구와 성장의 욕구로 구분됨

3) 욕구조사를 위한 자료수집
(1) 직접적인 자료수집 방법
○ **일반인구 조사방법**(general population survey)
- 대상지역의 주민들로부터 추출된 표본에 대해 설문조사를 실시하여 필요한 자료를 얻는 방법
- 지역주민들 가운데 추출된 표본을 대상으로 면접이나 설문조사를 통해 욕구를 측정하는

것이기 때문에 지역사회 욕구조사 시 가장 많이 사용되는 방법 중 하나
- 일반 인구 조사방법을 통해 얻을 수 있는 정보
  - 주민 개개인이 인지하고 있는 문제
  - 다수의 개인이 느끼는 욕구, 즉 사회문제
  - 문제를 가진 개인들의 특성
  - 개인이 이용할 수 있는 서비스
  - 서비스를 이용할 의사나 장애가 되는 요인
  - 지역사회에서 원조를 받고 있는 기관(개인)의 정보 등

○ **델파이기법**(delphi technique)
- 어떤 문제에 대하여 전문가들의 합의점을 통하여 자료를 직접 수집하는 방법
- 특정의 주제에 대하여 전문가집단의 의견과 판단을 파악하고 종합하여 그 결과를 정리하는 방식
- 논리적으로는 '한 사람의 의견보다는 두 사람의 의견이 정확하고, 다수의 판단이 소수의 판단보다 타당하다' 는 점에 근거를 두고 있음. 따라서 델파이기법은 전문가들에게 우편으로 의견이나 정보를 수집하여 분석한 결과를 다시 응답자들에게 보내 의견을 묻는 식으로 만족스러운 결과를 얻을 때까지 계속하는 방법
- 대면(face to face)집단의 상호작용이 아닌 익명집단의 상호작용을 통해 도출된 자료를 분석하는 것
- 집단 커뮤니케이션 과정을 구조화하는 방법으로 정보의 흐름을 제어하며, 다음과 같은 절차로 진행됨
- 장점
  - 전문가를 한자리에 모으는 수고를 덜고 응답자의 시간을 효율적으로 사용할 수 있음
  - 전문가가 자유로운 시간에 의견을 말할 수 있음
  - 익명이므로 참가자의 영향력을 줄일 수 있음
  - 응답을 위해 한곳에 모일 필요가 없음
  - 질문의 형식이나 내용을 적절히 선택함으로써 다양한 분야에 활용이 가능함
- 단점
  - 반복하는 데 시간이 많이 걸림
  - 반복하는 동안 응답자의 수가 줄어드는 문제가 있음

- 극단적 판단은 의견일치를 위해 제외되는 경향이 있어 창의적인 의견들이 손상될 수 있음

○ **표적 인구 조사방법**(target population survey)
- 프로그램 제공을 통해 문제해결의 대상으로 삼는 표적 집단에 설문조사를 실시하여 욕구와 서비스 이용 상태를 파악하는 기법
- 일반 집단 서베이가 전체 주민을 조사대상으로 하는데 비해, 표적 집단 서베이는 노인·청소년·장애인·여성 등 서비스의 클라이언트에 해당되는 집단들을 대상으로 설문조사를 실시하여 그들 집단의 욕구, 기존 서비스 이용실태, 새로운 서비스 개발에 필요한 의견을 파악하는 방법
- 장점
  - 정보는 표적 집단이 갖는 문제나 욕구, 표적집단이 이용할 수 있는 서비스의 파악에 있어서 용이함
- 단점
  - 시간적·비용적 측면에서 경제적이지 못함
  - 질문지의 경우 회수율이 낮음
  - 사회적으로 요구하는 '바람직한 응답'만을 얻을 수 있음
  - 표적 집단 서베이를 통해 얻은 자료는 그 집단에만 적용될 수 있고 주민 전체에게 일반화되기 어렵다는 한계를 가지고 있음

○ **주요 정보제공자 조사**(key informants survey)
- 지역사회 전반의 문제를 잘 알 수 있다고 인지되는 주요 인물로부터 자료를 수집하는 방법
- 장점
  - 지역주민 대다수의 문제, 지역사회의 문제나 논의대상이 될 문제가 쉽게 파악됨
  - 상대적으로 비용과 인력이 적게 들어 경제적임
  - 지역사회 유지나 지도자들이 지지하거나 반대하는 서비스나 프로그램을 파악할 수 있음
  - 주민들 중 정치적으로 활동적이고 영향력이 큰 집단들의 관심사항을 파악할 수 있음
  - 표본을 쉽게 선정할 수 있음, 표본추출이 용이함
  - 양적 정보뿐만 아니라 질적 정보도 파악할 수 있음

- 단점
  - 주요 정보제공자, 특히 정치적 지도자들이 중요하다고 생각하는 문제들은 정치적 민감성이나 감정에 의해 결정되는 경우가 많음
  - 선정하는 과정이 자의적일 수 있어 필요한 의견을 골고루 수집하지 못할 수도 있음
  - 지역사회 지도자들은 그들과 접촉이 가능한 집단들만 대변하는 의견을 제시할 수 있음
  - 의도적인 선정으로 인하여 정보제공자의 편향성(bias)이 나타날 수 있음
  - 표본의 대표성이 낮음, 지역대표자나 지도자가 주민의 의견을 대변할 수 있느냐는 의문이 있음
  - 정보제공자들이 가지고 있는 정보의 양과 질에 의존하게 됨

○ **서비스 제공자 조사**
- 서비스 제공자 조사방법은 서비스를 제공하는 사람들로부터 지역사회의 문제나 욕구, 기존프로그램의 평가 및 새로운 프로그램의 개발에 필요한 의견을 수집하는 방법
- 장점
  - 사회적으로 잘 알려지지 않은 문제들을 파악할 수 있음
  - 현존하거나 잠재적인 지역사회나 기관의 활용자원에 대해 정확한 정보를 얻을 수 있음
  - 지역사회 전반 또는 개인의 제 문제에 대한 원인 또는 배경을 파악하는 데 유용한 자료를 얻을 수 있음
  - 전문적인 판단에 근거해서 의견을 제시해 줄 수 있음
- 단점
  - 서비스 제공자들은 표적집단에 의해 인지되지 않은 문제를 문제시하기 때문에 그러한 문제들을 해결하기 위한 서비스를 시행할 때 여러 가지 어려움이 발생할 수 있음
  - 서비스 제공자들에 의해 인지된 문제들은 표적집단의 실제문제라기보다 제공자들의 문화적·계급적 편견일 수 있음
  - 이들은 주로 클라이언트를 대상으로 하므로 광범위한 욕구를 파악하기는 어려움
  - 그들의 기관에서 제공하거나 제공하게 될 프로그램에 유리한 욕구에 대해 언급할 가능성이 있음

○ **지역사회 공개토론회(지역사회포럼, community forum)**
- 지역사회 공청회는 지역사회의 사람들이 함께 모여 자신들의 욕구에 대해 자유롭게 의견

을 교환하고 상호작용을 할 수 있는 토론회를 통해 욕구를 조사하는 방법

- 장점
  - 매우 경제적임, 적은 비용으로 광범위한 계층 및 집단들의 의견을 들을 수 있음
  - 광범위한 주민계층 및 집단의 의견을 수집할 수 있음. 각 개인·집단·기관별로 문제에 대한 인식과 관심이 다른 것도 구별해 볼 수 있음
  - 이러한 모임은 지역사회를 위한 정책의 기획 및 개발을 촉발할 계기가 될 수 있음
  - 서베이조사를 위한 사전준비의 기회가 될 수도 있음
  - 복지기관의 활동에 대한 홍보와 활동에 주민들의 협조와 지지를 얻을 수 있는 계기 마련이 될 수 있음
- 단점
  - 모든 지역주민이 참여하는 것이 아니고 관심 있는 사람들만 참석하기 때문에 특정문제에 직·간접적인 이해관계를 가진 이익집단의 영향을 배제할 수 없음
  - 관심 있는 소수의 사람들만 의견을 발표함으로써 지역 전체의 의견보다 몇몇 개인의 의견이 강조될 수 있음
  - 기대했던 것보다 많은 정보를 얻지 못할 수도 있음

(2) 간접적인 자료수집 방법

○ 기존 자료 활용(2차적 자료 분석)

- 복지기관 서비스 이용 자료 분석과 함께 이미 존재하는 자료를 분석하는 2차 자료 분석의 한 방법
- 2차 자료의 대표적인 예로는 통계청에서 5년마다 실시하는 인구주택총조사 결과 분석과 한국도시연감, 한국통계연감, 도시가계연보, 한국의 사회지표, 지역통계연보, 한국경제지표, 경제활동인구연보 등이 있음
- 2차 자료는 특히 클라이언트의 서비스에 대한 이용 자료는 대상자들의 표출된 욕구, 즉 서비스에 대한 공식적 요구사항을 나타내는 것이고, 어떤 서비스에 과부족은 없는지, 어떤 클라이언트들이 과다, 과소하게 이용하고 있는지를 파악할 수 있는 좋은 자료가 됨
- 일반적으로 2차적 자료는 쉽게 구할 수 있고, 이용하기 편리하다는 장점을 가지고 있지만 여기에는 몇 가지 제한점이 있음
  - 2차적 자료는 오래된 것이거나 신뢰성이 약하거나 불완전한 자료일 가능성이 있으므로 이러한 자료에만 의존하는 것은 과소 또는 과대평가의 가능성이 있음. 특히, 클라이언

트의 서비스 이용 현황 자료에만 의존하게 되면 문제의 심각성을 과소평가할 가능성이 많음

> ※ **기존 자료를 통해 알 수 있는 정보의 사례**
> • 인구센서스 데이터: 인구구성, 성비, 연령층, 주택, 가구현황 등
> • 정부자료·통계·보고서: 보건, 의료, 식품, 영양, 취약계층, 빈곤층 등
> • 복지기관 기록·보고서·파일: 서비스 이용 현황, 클라이언트 현황, 지역사회 자원 현황 등

---

2. 평가조사

1) 평가조사의 개념
• 프로그램의 효과성·효율성·적절성·만족도 등을 체계적으로 분석하여 결정권자로 하여금 합리적인 결정을 내릴 수 있도록 정보를 산출하는 사회적 과정
• 사회복지기관이 클라이언트에게 제공하는 일체의 서비스 목적과 수단의 적합성을 파악하여 클라이언트 당사자에게 끼치는 영향을 측정하는 사회복지프로그램을 통한 서비스 제공의 연속적인 과정이라고 할 수 있음

2) 평가조사의 종류
(1) 목적에 따른 분류
• <u>형성평가</u>(과정 중심적): 프로그램의 진행 중 문제점을 찾아내고 수정·보완할 목적으로 실시하는 평가이며, 바람직한 운영전략을 수립함
• <u>총괄평가</u>(목표 지향적): 프로그램 종결 후 결과를 평가대상으로 효과를 파악하는 것이며, 프로그램이 달성하고자 했던 목표를 얼마나 잘 성취했는가의 여부를 평가함

(2) 평가규범에 따른 분류
• <u>효과성평가</u>: 프로그램의 목적달성 정도의 평가
• <u>효율성평가</u>: 투입과 산출의 비교평가, 즉 비용최소화와 산출극대화의 평가
• <u>공평성평가</u>: 프로그램의 효과와 비용이 사회집단 간 공평하게 배분되었는지 여부 평가

(3) 계량화에 따른 분류

- 양적평가: 설문조사와 구조화된 질문지를 이용하여 숫자·비율 등 자료를 수집하며, 객관적인 자료가 연역적 방법으로 분석되는 것을 강조함
- 질적평가: 수량화되지 않은 자료를 수집하여 귀납적으로 자료를 분석하는데 의미를 두며, 인터뷰·관찰·문헌연구 등을 통하여 수집되는 수량화할 수 없는 연성자료(soft data)에 기초하여 분석함

(4) 평가범위에 따른 분류

- 단일평가: 표적문제의 개념화 및 개입의 설계와 관련된 평가이며, 프로그램 효용성에 대한 평가를 각각 분리하여 어느 하나에 대해 행하는 평가
- 포괄평가: 표적문제의 개념화 및 개입의 설계와 관련된 평가이며, 프로그램 효용성에 대해 모두를 행하는 평가

(5) 평가시점에 따른 분류

- 사전평가: 적극적 평가, 프로그램을 실행하기 전에 수행하는 평가
- 과정평가: 프로그램이 실행되는 과정에서 이루어지는 평가
- 사후평가: 소극적 평가, 프로그램이 종료된 후에 수행하는 평가

(6) 평가주체에 따른 분류

- 자체평가: 프로그램 담당자가 행하는 평가로서 많은 정보를 얻을 수 있고, 비용을 절약할 수 있으나 공정성확보에 문제가 있음
- 내부평가: 프로그램의 직접 담당자 외 조직 내 다른 직원에 의해 이루어지는 평가
- 외부평가: 프로그램을 수행하는 조직외부의 전문가나 기관에 의해 이루어지는 평가

(7) 기타 평가

- 적합성 평가: 개별 프로그램의 평가가 이루어지기 전에 그 프로그램의 가치를 따져보는 데 의미를 두는 평가
- 메타 평가: 프로그램평가를 차후에 종합적으로 검토해 보는 평가로서, 평가활동의 영향 또는 평가결과의 활용도를 파악하는 평가이며, 평가계획서나 평가결과를 다른 평가자에 의해 점검 받는 평가

上·中·下

01) A대학교는 전체 재학생 중 5백 명을 선정하여 취업욕구조사를 하고자 한다. 비용 부담이 가장 적고 절차가 간편한 자료수집방법은? (18회 기출)

① 우편조사   ② 방문조사   ③ 전화조사

④ 온라인조사   ⑤ 면접조사

해설

조사대상이 인터넷 활용이 가능한 대학생들이므로 저렴한 비용으로 보다 쉽게 자료를 수집할 수 있다.

〈 정답 ④ 〉

上·中·下

02) 집단조사 방법에 관한 설명으로 옳은 것은? (16회 기출)

① 초점집단조사에서 집단역학에 관한 것은 분석대상이 될 수 없다.

② 델파이기법은 대면집단의 상호작용을 중요시한다.

③ 델파이기법은 일반인들을 대상으로 한 일반적 주제에 대한 견해를 도출하는데 유용하다.

④ 네트워크분석은 조직 간 전달체계 분석에 부적절하다.

⑤ 네트워크 구조분석에는 관계형 변수를 주로 사용한다.

해설

네트워크 구조분석에서는 속성형 변수가 아니라 관계형 변수를 주로 사용한다.

〈 정답 ⑤ 〉

---〈 기출 등 주요 Key Word 〉---

욕구조사와 평가조사
다음 문장에서 틀린 것을 모두 고르시오.

◆ **욕구조사**

① 델파이조사는 전문가 패널의 의견을 수렴하는 방법으로 활용된다.

② 델파이조사는 외형적으로는 설문조사방법과 유사하다.

③ 델파이조사는 연구자가 사전에 결정한 방향으로 패널의 의견이 유도될 위험이 있다.

④ 델파이조사는 패널의 후광효과를 방지하기 어렵다.

⑤ 델파이조사는 반복되는 설문을 통하여 패널의 의견이 수정될 수 있다.

⑥ 델파이 조사는 비구조화 방식으로 정보의 흐름을 제어한다.

⑦ 초점집단 조사에서는 익명 집단의 상호작용을 통해 도출된 자료를 분석한다.

⑧ 초점집단 조사는 내용 타당도를 높이는 목적으로 사용될 수 있다.

⑨ 초점집단 조사의 자료수집 과정에서는 연구자의 주관적 개입이 불가능하다.

⑩ 지역주민서베이는 수요자 중심의 욕구사정에 적합하다.

⑪ 지역자원재고조사는 지역사회 서비스 자원에 대한 정보획득이 용이하다.

⑫ 사회지표조사는 지역사회 주민욕구의 장기적 변화를 파악하기 쉽다.

⑬ 지역사회포럼은 조사대상자를 상대로 개별적으로 자료를 수집하는 데 용이하다.

⑭ 주요정보제공자(key informant) 조사는 정보제공자의 편향성이 나타날 수 있다.

⑮ 지역사회공개토론회는 모든 지역주민이 동등하게 의견을 제시할 기회를 갖는다.

⑯ 지역사회공개토론회는 현실적 실행 가능성이 낮다.

◆ **평가조사**

① 내부평가의 장점은 프로그램 관련 정보에 대한 접근성이 용이하다.

② 내부평가의 장점은 프로그램에 관한 많은 지식을 갖고 있다.

③ 내부평가의 장점은 현실적인 제약요건들을 융통성 있게 감안하여 평가할 수 있다.

④ 내부평가의 장점은 프로그램 운영자로부터 평가에 대한 협조를 구하기가 수월하다.

214

⑤ 내부평가의 장점은 해당기관으로부터 객관성과 독립성을 유지할 수 있다.

⑥ 메타평가(meta-evaluation)는 이미 평가된 평가계획서나 완성된 평가를 다른 평가자에 의해 다시 점검을 받는 것을 말한다.

⑦ 비용편익분석(cost-benefit)은 프로그램의 비용과 성과를 모두 금전적 가치로 환산하여 평가하는 방법이다.

〈 정답 〉
• 욕구조사 – ④⑥⑦⑨⑬⑮⑯
• 평가조사 – ⑤

제10장 질적 연구

1. 질적 연구의 이해

(1) 질적 연구의 개념
○ 질적 연구의 의미
- 통계적 절차나 기타 계량화의 수단에 의해 도달하는 방식 이외의 방법으로 연구결과를 창출하는 연구형태를 말함
- 자료를 수치화하지 않으며, 자료 수집에 있어서도 적은 수의 사례에 대한 포괄적이고 다양한 자료들을 수집하여 심층적인 이해를 하는데 주된 초점을 둠
- 인간이 사회적 행위를 하는 동기나 목적을 깊이 있게 이해하기 위해서는 인간 행위의 계량화가 아니라 그 행위 이면의 의미에 대한 해석적인 이해가 필요하다고 봄
- 이처럼 연구에서 인간 행위의 해석과 의미화를 강조하므로 이 연구방법을 해석적 조사방법 또는 질적 조사방법이라고 함

○ 질적 연구가 적절한 상황
- 연구문제의 성격이 무엇이 어떻게 일어나는지를 보고자 할 때
- 연구주제가 탐색적일 때
- 사람들의 자연스러운 상태를 연구하기 위해
- 연구 참여자들의 시각을 강조하고자 할 때

(2) 질적 연구의 특징
○ 주관성
연구자가 자신의 주관이 배제된 객관적 실재를 파악하는 것이 불가능함. 질적 연구에서 세계는 그것을 관찰하고 인지하는 주체에 의해 주관적으로 파악된다고 봄

○ 기술적, 탐색적
현상에 대한 탐색과 기술이 주된 관심이 됨

216

○ **총체적**
- 연구 참여자의 세계, 시각 등을 총체적으로 살펴보고자 함
- 자료의 수집은 몇몇 특정 변수나 범주에 국한되지 않고 연구대상현상의 다양한 측면을 최대한 포괄하도록 관련된 다양한 사람들로부터 다양한 자료들을 수집하게 됨

○ **자연적**
- 질적 연구는 연구 참여자의 상황적 맥락 안에서 이루어진다는 점에서 자연적임
- 질적 연구에서 행동은 그 상황적, 환경적 맥락 안에서 관찰되어야 가장 잘 이해할 수 있다고 봄

○ **귀납적**
- 양적 연구에서 주로 이론에서 출발하여 가설을 세우고 자료를 통해 이를 검증하는 연역적 방법을 사용함
- 질적 연구에서는 현실에서 일어나는 경험적 자료 등을 수집하고 분석함으로써 이론을 도출하는 귀납적 방법을 사용함

○ **연구도구로서의 연구자**
- 질적 연구에서는 자료 수집의 중요한 도구로서 연구자 자신을 활용함
- 질적 연구에서는 연구자의 관찰과 통찰 등을 통해 자료를 수집하고 분석하게 됨

○ **연구절차의 유연성**
- 질적 연구는 양적 연구에 비해 연구절차가 덜 구조화되어 있고 자료 수집 및 분석과정이 유연하고 객관적임
- 연구절차나 단계 등은 연구자들의 경험이나 직감 등에 의존하여 조사단계나 절차들을 결정하고, 자료를 수집하며, 자료 수집과 분석 단계가 동시에 상호작용하면서 이루어지는 경우가 많음

○ **질적 연구의 장 · 단점**
- 장점
  - 심층적이고 풍부하고 자세한 사실의 발견이 가능함

- 문제에 대한 새로운 시작(통찰력)을 제공함
- 조사설계나 자료 수집에 융통성 있음
- 저비용으로 쉽게 시작할 수 있으며, 작은 집단이나 표본으로 가능함

• 단점
- 주관적이라는 인상을 주기 쉬움. 결과에 대한 주관적인 이해가 반드시 현실이나 경험적 검증 결과와 일치하지는 않음
- 재정 지원을 받는 것과 출간에 어려움이 있음
- 조사 결과를 일반화하는 데 어려움이 있으며, 재정지원기관에서는 'hard' 데이터를 'soft' 데이터보다 선호하는 경향이 있음
- 조사 결과의 효율성을 입증하거나 실천적 적용을 이끌어 내기에는 미흡함

(3) 질적 연구의 유형

○ 내러티브 연구(narrative inquiry)

• 많은 형식을 가지고 있으며, 다양한 분석적 방법을 사용하고 있고, 여러 다른 사회과학과 인문과학 분야에 뿌리를 두고 있음

• 어떤 텍스트나 담론에 부여된 용어일 수도 있고 아니면 개인이 진술한 이야기에 특정하게 초점을 맞추면서 특정 질적 연구 접근의 맥락 안에서 사용되는 텍스트일 수도 있음

• 방법으로서 내러티브는 개인이 자신의 삶에 대해 말한 이야기(storytelling)에 표현된 경험을 가지고 시작함. 저자들은 삶에 대해 표현된 이야기를 분석하고 이해하기 위한 방법을 제공해 왔음
- 전기 연구: 연구자가 다른 사람의 인생 경험에 대해 기록하고 글을 쓰는 내러티브 연구의 한 유형
- 자서전: 연구 대상인 개인들이 기록하고 저술
- 생애사: 사적인 경험 이야기가 단일한 혹은 복합적인 에피소드나 사적인 상황, 또는 민속에서 발견되는 개인의 사적 경험에 대한 내러티브 연구임과 동시에, 개인의 전체적인 인생을 그리는 것
- 구술사는 한 사람 혹은 여러 사람으로부터 사건과 그것의 원인 및 영향에 대한 개인적인 반성을 모으는 것으로 구성

○ 현상학적 연구

- 현상학적 연구는 어떠한 하나의 경험이 그 경험을 한 사람에게 주는 의미가 무엇인가의 탐구를 목적으로 함. 현상학적 접근은 개인의 진술로부터 경험구조의 본질을 발견할 수 있다고 가정함
- 연구주제 선정과 관련하여 연구자는 '왜 그러한 주제를 현상학적으로 접근해야 하는가에 대한 고민이 첫 번째임. 자료를 수집하는 데 있어 초점은 연구참여자를 선정하는 데 있음
- 현상학의 기본적 목적은 현상에 대한 개인의 경험을 보편적 본질에 대한 기술, 즉 사물의 자연적 특성을 포착하는 것으로 축소함
- 면접자료 이외에도 기록 자료를 많이 활용하며, 기록 자료의 범위를 문학작품, 그림, 영화에까지 넓혀 활용하고 있음

○ **근거이론 연구(현실기반이론)**
- 근거이론 개요
  - 근거이론(Grounded theory)은 1960년대 말 사회학자인 글레이저와 스트라우스에 의하여 구체화되었음
  - 목적은 어떠한 현상, 사건 등을 분석 및 해석하여 새로운 이론을 구축하는 것임
  - 철학적 기반은 상징적 상호작용(론)주의라고 할 수 있음
- 근거이론 연구방법
  - 주제의 탐색과정에서 귀납적 접근이기 때문에 문헌고찰을 통한 기존의 연구결과를 배제
  - 근거이론의 주목적은 이론을 개발하는 것이기 때문에 현상을 깊이 탐색하기 위해 필요한 유연성과 자유를 제공할 수 있는 방식으로 질문을 구성해야 함
  - 가장 좋은 자료를 수집하기 위하여 참여자의 반응을 유발하고 참여자의 경험에 초점을 둔 답을 유도할 수 있는 질문이어야 함
  - 근거이론에서 수집된 자료의 분석을 통하여 개념화가 가능해야 함. 자료는 동질성이 검증된 20~30명 정도의 참여자를 통하여 수집하게 됨

○ **민속지학 연구(문화기술지 연구)**
- 민속지학은 문화기술지, 민족지학 등 다양하게 번역되어 사용되며, 특정 문화를 공유하는 집단의 생활방식·관습·규범체계 등을 연구 기술하는 방법으로 1920년대 시카고 대학의 교수들이 문화인류학의 연구에 적용하면서 시작되었음. 민속지학은 인공물·물리적 흔

적·이야기·신화·문화적 주제연구 등을 대상으로 함
- 민속지학의 연구방법은 연구현장을 강조한다는 것을 제외하고 다른 질적 연구방법과 큰 차이가 없음
  - 연구자는 어느 특정 집단의 생활현장에 들어가 상당기간 생활하면서 자료를 수집함. 즉, 참여를 통한 관찰과 기록으로 자료를 수집하며, 부수적으로 기타자료를 수집함
  - 연구집단에 들어가기 전에 연구자를 소개하고 안내해 줄 사람이 필요함. 자연스럽게 연구집단에 동화되어 생활하는 것이 무엇보다 중요함
- 연구자는 구성원의 상호작용과정에서 일어나는 사건, 현상을 폭넓게 관찰함. 생활하면서 연구문제를 정립하고 구체화함. 따라서 활용가능한 모든 자료를 활용함
  예) 지도 작성, 친족계보표, 인터뷰, 참여관찰자료, 생애사, 문화사, 민간전승, 공식적 기구, 커뮤니티 연구 등
- 연구자는 다양하게 수집된 유형화된 규칙을 찾기 위하여 자료를 분석하고 결과를 해석함. 기술은 개인, 집단, 조직전체의 행동을 기술할 수 있으며, 그림, 사진 등을 첨부할 수 있음
- 구체적인 자료분석 방법은 생각·삼각화·패턴·주요사건·흐름도·조직도·매트릭스·내용통계·정교화 등이 활용됨

ㅇ 사례 연구
- 시간 경과에 따라 하나의 경계를 가진 체계(사례) 혹은 경계를 가진 여러 체계(사례)를 탐색하고, 다양한 정보원천(관찰, 면접, 시청각 자료, 문서와 보고서 등)을 포함하여 상세하고 심층적인 자료를 수집하며, 사례 기술과 사례에 기반을 둔 주체를 보고함
- 접근은 심리학(프로이드), 의학(질병에 대한 사례분석), 법학(판례), 정치학(사례보고) 등 많은 학문 분야에 걸쳐서 활용되고 있음

ㅇ 질적 사례 연구의 유형
- 해당 사례가 한 개인이나 여러 사람, 집단, 전체 프로그램, 활동 등을 포함하는가와 같이 경계를 가진 체계의 규모에 따라 구분함. 또한 질적 사례 연구는 사례분석의 목적에 따라 구분될 수 있음
- 도구적 단일 사례 연구: 연구자는 하나의 이슈나 관심에 초점을 맞추고 나서 이 이슈를 예증하기 위한 하나의 경계를 가진 체계를 선택함
- 집합적(다중) 사례 연구: 하나의 이슈나 관심이 다시 선택되지만, 연구자는 여러 개의 연구

현장에서 여러 개의 프로그램을 선택하거나 단일 현장 내에서 여러 개의 프로그램을 선택할 수도 있음. 종 연구자는 이슈에 대한 서로 다른 관점을 보여 주기 위해 여러 사례를 의도적으로 선택하기도 함

- 본질적 사례 연구: 초점이 사례 그 자체(프로그램을 평가하거나 어려움을 겪고 있는 학생을 연구하는 등)에 맞춰짐. 왜냐하면 그 사례가 비일상적이거나 독특한 상황을 보여 주기 때문임

2. 질적 연구의 방법과 과정

질적 연구의 방법과 과정은 연구의 속성이나 주제에 따라 다양하게 전개될 수 있지만, 연구문제 형성 · 연구설계 수립 · 대상자의 표집 · 자료수집 · 자료분석 및 해석 · 보고서 작성으로 나누어 살펴볼 수 있음

(1) 연구문제 형성

- 질적 연구는 사물의 현상을 기술하고 이해하기 위하여 이루어짐. 따라서 연구문제도 질적인 형태로 제안됨
- 즉, 변수 간의 인과관계나 집단 간 비교가 아니라 연구자가 알고자 하는 아이디어나 문제로부터 연구를 시작함
- 연구문제를 적절하게 잘 설계하기 위해서는 다음과 같은 질문을 해볼 수 있음
  - 탐구하고자 하는 현상, 실재, 사회적 실체의 본질은 무엇인가?
  - 탐구하고자 하는 현상에 대한 지식이나 증거로 삼을 내용은 무엇인가?
  - 연구에서 다루고자 하는 주제, 관심 영역은 무엇인가?
  - 이론적이나 지적으로 해결하고자 하는 궁금증이 무엇인가?
  - 무엇을 설명하고자 하는가?
  - 이 연구의 목적은 무엇인가?
  - 왜 이 연구를 수행하고 있는가?

(2) 연구설계 수립

- 연구문제가 형성되면 이를 구체화하기 위하여 연구주제와 관련된 문헌 및 선행연구에 대해 조사를 하고 나서 전체적인 연구 절차에 대한 구체적인 계획을 세움

- 문헌고찰이 항상 필수적인 것은 아니며, 때로는 자료수집을 하고 나서 이루어질 수도 있음. 왜냐하면, 연구자가 관련 주제나 조사대상에 대한 편견이나 선입견을 갖기 않기 위함

(3) 대상자 표집

- 일반적으로 모집단에서 표본을 뽑을 때 대표성·타당도 등을 고려하여야 함
- 질적 연구에서는 모집단이 불분명한 경우가 많기 때문에 표본을 뽑을 때 나름대로 모집단과 여러 가지 특성이 비슷하다고 판단되는 표본을 선정하는 유의표집이나 눈덩이표집과 같은 비확률표집을 주로 사용함

(4) 자료수집

질적 연구에서는 연구자가 보고 듣고 느끼는 모든 것이 연구자료가 되며, 그 외에도 현장에서 이루어지는 모든 상황이 자료로 활용될 수 있음

(5) 자료분석 및 해석

- 자료를 분석할 때는 이론을 바탕으로 전반적인 분석틀을 개발하여 사용하기도 하고, 이론적 배경이나 분석틀 없이 분석하기도 함
- 자료분석의 초점은 수집된 원자료에서 어떤 중심 주제나 패턴을 찾아내는 데 있음. 이를 위해 자료적 의미를 해석하고 범주별로 분류하고 재조합하는 과정을 거침. 질적 연구에서 자료를 분석하는 데 많이 사용하는 방법

(6) 보고서 작성

- 질적 연구의 보고서 역시 연구과정과 마찬가지로 엄격하게 정해진 형식은 없음
- 보통 양적 연구와 마찬가지로 질적 연구의 보고서에는 문제 제기·이론적 배경·연구설계·자료수집 및 방법·연구결과·향후 연구 및 정책적 함의 등이 포함됨
- 양적 연구의 보고서와의 차이는 질적 연구는 자료수집과 분석이 동시에 이루어지기 때문에 기술할 때에도 같이 기록하는 점에 있음

上·中·**下**

01) 질적 연구에 관한 설명으로 옳지 않은 것은?   (18회 기출)

① 풍부하고 자세한 사실의 발견이 가능하다.

② 문제에 대한 통찰력을 제공한다.

③ 연구참여자의 상황적 맥락 안에서 이루어진다.

④ 다른 연구자들이 재연하기 용이하다.

⑤ 현상에 대해 심층적으로 기술한다.

해설

질적 연구의 경우 연구대상이 되는 현상이나 사건이 기존에 존재한 것이 아니기 때문에 재연이 불가능한 경우가 많다.

〈 정답 ④ 〉

上·中·**下**

02) 질적 조사에 관한 설명으로 옳지 않은 것은?   (17회 기출)

① 실천, 이야기, 생활방식, 하위문화 등이 질적 조사의 주제가 된다.

② 자연주의는 질적 조사의 오랜 전통이다.

③ 확률표본추출방법이 사용될 수 있다.

④ 일반화 가능성이 양적 조사보다 높다.

⑤ 현장연구라고 명명되기도 한다.

해설

일반화 가능성은 양적 조사가 질적 조사보다 높다.

〈 정답 ④ 〉

질적 조사

다음 문장에서 틀린 것을 모두 고르시오.

◆ **질적 조사**

① 질적 연구는 풍부하고 자세한 사실의 발견이 가능하다.

② 질적 연구는 문제에 대한 통찰력을 제공한다.

③ 질적 연구는 연구참여자의 상황적 맥락 안에서 이루어진다.

④ 질적 연구는 다른 연구자들이 재연하기 용이하다.

⑤ 질적 연구는 현상에 대해 심층적으로 기술한다.

⑥ 질적 연구는 실천, 이야기, 생활방식, 하위문화 등이 질적 조사의 주제가 된다.

⑦ 질적 연구는 자연주의는 질적 조사의 오랜 전통이다.

⑧ 질적 연구는 확률표본추출방법이 사용될 수 있다.

⑨ 질적 연구는 일반화 가능성이 양적 조사보다 높다.

⑩ 질적 연구는 현장연구라고 명명되기도 한다.

⑪ 양적연구는 심층규명(probing)을 한다.

⑫ 양적연구는 연구자의 주관성을 활용한다.

⑬ 양적연구는 선(先) 이론 후(後) 조사의 방법을 활용한다.

⑭ 양적연구는 연구도구로서 연구자의 자질이 중요하다.

⑮ 양적연구는 주로 사용되는 자료수집 방법은 면접과 관찰이다.

⑯ 혼합연구방법론에서 질적연구 결과와 양적연구 결과는 일치해야 한다.

⑰ 혼합연구방법론에서 양적연구와 질적연구에 대한 전문적 지식이 모두 필요하다.

⑱ 혼합연구방법론에서 연구에 따라 양적연구와 질적연구의 상대적 비중이 상이할 수 있다.

⑲ 혼합연구방법론에서는 질적연구의 결과에 기반하여 양적연구를 시작할 수 있다.

⑳ 혼합연구방법론은 상충되는 패러다임들도 수용할 수 있어야 한다.

〈 정답 〉
• 질적 조사 – ④ ⑨ ⑪ ⑫ ⑭ ⑮ ⑯